...sur le Doctorat

par

Lécoq (P.)

Paris. 1856.

FACULTÉ DE DROIT DE PARIS.

Thèse
POUR LE DOCTORAT

L'acte public sur les matières ci-après sera soutenu
le mercredi 18 juin 1856, à neuf heures et demie,

PAR

P. LECOQ

avocat,

né à Paris, le 4 décembre 1831.

Président, M. BONNIER, Professeur.

Suffragants : MM. PELLAT, PERREYVE, DE VALROGER, Professeurs. DEMANGEAT, Suppléant

PARIS
IMPRIMERIE DE J.-B. GROS ET DONNAUD,
RUE DES NOYERS, 74.

1856

A MON PÈRE — A MA MERE

Hommage d'amour infini.

A MM. LES PROFESSEURS

DE LA FACULTÉ DE DROIT DE PARIS

Témoignage de respectueuse reconnaissance.

DROIT ROMAIN.

DE LA PÉTITION D'HÉRÉDITÉ.

1. Les droits de succession, qu'ils résultent du droit civil, des sénatus-consultes, des constitutions impériales, ou du droit prétorien, ont besoin d'une sanction qui force tout étranger à les reconnaître et à les respecter. S'ils sont en plein exercice et que quelqu'un vienne les troubler, la jouissance paisible du successible lui sera garantie par les interdits qui sauvegardent la possession ; par les actions qui compètent ordinairement au propriétaire, ou à celui qui est intéresssé à ne pas être troublé, les actions *furti, legis Aquiliæ,* etc. Si celui qui a des droits de succession n'est pas en possession, il a des moyens d'attaque, qui prennent les divers noms de *pétition d'hérédité directe* ou *utile*, et

d'interdit *quorum bonorum* : ce sont ces modes de faire reconnaître et d'exercer son droit héréditaire, que nous avons à étudier successivement.

TITRE PREMIER.

DE LA PÉTITION D'HÉRÉDITÉ.

2. L'action en pétition d'hérédité est l'action par laquelle on réclame la reconnaissance de son droit héréditaire et la possibilité d'en user, c'est-à-dire la restitution des choses, et l'exercice des droits héréditaires. Cette action ne fut pas toujours organisée de la même manière ; elle fut soumise aux vicissitudes que subit la procédure romaine : avant de voir ce qu'elle était à l'époque des grands jurisconsultes dont les fragments composent le Digeste, étudions-en l'histoire pendant les périodes qui avaient précédé.

§ 1er. *Organisation de la pétition d'hérédité.*

3. Le premier système de procédure à Rome fut celui des actions de la loi ; d'abord fut seule en usage pour sanctionner toute espèce de droit l'action dite *sacramenti* (1). Cette procédure fut remplacée dans un très grand nombre de cas par les

(1) V. Gaïus, IV, 13 et s.

autres actions de la loi, dites *per judicis postulationem, per condictionem, per manus injectionem, per pignoris capionem*, et ne resta en usage que pour les actions tendant à faire reconnaître et mettre en exercice les droits réels, c'est-à-dire les droits qui établissent un rapport obligatoire d'action ou d'inaction entre celui à qui ils appartiennent et tous les autres hommes, et non ceux qui en créent entre telles et telles personnes déterminées. Parmi ces droits se trouvent la propriété et ses démembrements, les droits de famille, et celui de l'héritier qui découle de ceux-ci (1) et aboutit à ceux-là : car on est héritier à l'égard de tous, ou on ne l'est pas du tout.

Sans entrer dans les détails de l'*actio sacramenti*, nous dirons qu'elle se composait de trois périodes principales : 1° la *manuum consertio* ; combat que simulaient les parties, armées de la *vindicta*, baguette ou lance, au moyen de gestes et de paroles solennelles, soit devant le préteur pour les objets qu'on pouvait transporter à son tribunal, soit hors de sa présence, *ex jure*, pour les autres, et, dans ce cas les parties s'amenaient réciproquement devant ce magistrat par la *deductio* et y recommençaient la *manuum consertio* ou *vindicatio* sur un fragment représentatif de l'objet lui-même ; le

(1) Du moins dans l'hérédité légitime.

magistrat arrêtait ce combat par des mots consacrés : puis chaque plaideur provoquait l'autre à déposer, et, plus tard, à promettre une somme que celui qui succomberait devait perdre, et qui serait employée à un usage d'abord sacré (*sacramentum*), puis public ; chacun garantissait cette promesse par des cautions (*prædes sacramenti*). Le préteur adjugeait à l'un des plaideurs, à son gré, la possession intérimaire, en lui faisant donner caution de rendre à son adversaire victorieux la chose et les avantages qu'en aurait procurés la possession (*prædes litis et vindiciarum*) : enfin le magistrat renvoyait devant un juge chargé de décider la question.

A une époque qu'il est difficile de préciser, les questions d'État, de propriété quiritaire et de successions, soulevées au moyen de l'*actio sacramenti*, furent soumises à un tribunal dit des *Centumvirs* ; ce tribunal survécut à la destruction des *legis actiones* par la loi *Æbutia* et les deux lois *Julia*, et l'action *sacramenti* se conserva pour les affaires qui devaient lui être soumises (1). Mais la subtilité et le rigorisme des formules de cette action rebutaient les plaideurs, à qui un mot changé pouvait faire perdre les droits les mieux fondés : un passage de Cicéron (2) nous prouve que, de son temps, les droits de succession étaient garantis par deux ac-

(1) Gaïus, IV, 31.
(2) Cic. in Verr. I. 45.

tions : la *legis actio* devant les centumvirs et l'action *per sponsionem*.

4. Dans cette procédure, à la différence de l'*actio sacramenti*, où le magistrat peut attribuer la possession intérimaire, et réciproquement imposer le fardeau de la preuve à l'un ou à l'autre des plaideurs à son gré, le défendeur est toujours celui qui possède. Si le fait même de la possession est en litige, le préteur le détermine au moyen des interdits *uti possidetis* et *utrubi*, et en matière d'hérédité, vraisemblablement par l'interdit *quorum bonorum*, dont nous aurons à reparler. Ensuite le demandeur stipulait du défendeur une somme d'argent pour le cas où sa prétention serait fondée; la question devenait donc celle de savoir si la *sponsio* du défendeur était due, comme dans la *legis actio* on se se demandait si le *sacramentum* était *justum*. Du reste cette *sponsio* était fictive, on n'en exigeait pas le montant, mais le préteur obligeait le défendeur à donner caution (dite *pro præde litis et vindiciarum*) de restituer, s'il succombait, l'objet disputé et ses accessoires; et cela, au moyen de l'interdit *quem fundum* ou *quam hereditatem* (1) par lequel, faute par le défendeur de donner cette caution, il transférait la possession au demandeur, et par suite le fardeau de la preuve au récalcitrant;

(1) Ulp. Fr. Vindobonæ repertum, § 6. — Paul. Sent. I, XI, 1.

puis le magistrat renvoyait les parties devant un juge qui décidait si la *sponsio* était due, et par conséquent si le défendeur devait être condamné.

5. Enfin la formalité de la *sponsio*, dernière imitation du *sacramentum*, s'effaça; le demandeur, déterminé toujours au moyen des interdits, vint directement demander au magistrat de le renvoyer devant un juge, et de poser à celui-ci la question à résoudre, dans une formule subordonnant à la solution la condamnation du défendeur; la *satisdatio pro præde litis et vindiciarum* se changea en une caution dite *judicatum solvi*, obligeant à se présenter devant le juge, à exécuter le jugement et à s'abstenir de tout dol. Cette méthode plus simple, dite *formula petitoria*, était déjà employée du temps de Cicéron (1), mais il ne paraît pas qu'elle s'appliquât aux réclamations de droits héréditaires; plus tard elle prit une grande faveur et s'étendit à toutes les actions réelles, tandis que l'*actio sacramenti* devant les centumvirs, se restreignait aux questions d'état et d'hérédité. Gaïus (2) ne cite pour les actions réelles en général que les procédures *per sponsionem* et *per formulam petitoriam*. Enfin, au temps de Papinien, d'Ulpien et de Paul, dont le titre du Digeste que nous traitons reproduit surtout les décisions, il faut croire

(1) Cic. in Verrem, II, 12.
(2) IV, 91.

que le tribunal centumviral était à peu près délaissé, sauf pour les questions de testament inofficieux ; car, si dans le titre *de inofficioso testamento* on trouve beaucoup de textes supposant plusieurs juges, *judices, judicantes* (1), c'est-à-dire les centumvirs, les textes du titre *de hereditatis petitione* parlent toujours de l'*unus judex*, de l'*arbitrium*, *officium judicis* de la *formula petitoria*; c'est aussi au *judex* que paraît avoir fixé des règles le Sénatus-consulte *Juventien* (2) rendu sur la proposition de l'empereur Adrien, sous le consulat de Bal[illegible]s et Juventius Celsus (3). On peut penser que l'équité de ces règles aura engagé les plaideurs à abandonner de [illegible]as en plus la procédure centumvirale ; on ne comprendrait guère d'ailleurs comment on eût pu les imposer aux centumvirs, dont l'autorité était si respectée, qu'il était défendu aux juges des questions accessoires à celles qui leur étaient soumises, de prononcer sur celles-ci, même incidemment.

Quoi qu'il en soit, on ne connaît pas l'époque précise de l'abolition des centumvirs, et ce n'est que par conjectures qu'on peut présumer que les désordres qui suivirent la mort de Caracalla et celle

(1) Marcellus, L. 10. Scévola, L. 13. Papinien, L. 15, § 2. Paul, L. 17, L. 28, L. 31, *de inoff. test.* Cujas pense qu'il faut lire *centumviralibus* et non *septemviralibus* dans l'*inscriptio* de ces deux dernières lois : V. encore Papinien, L. 76, *de legatis* 2°.

(2) L. 20, § 6, et seq. D. *de her. pet.*

(3) A. J. C., 129.

d'Alexandre Sévère, l'usurpation de l'empire par des étrangers, tels qu'Héliogabale et Maximin, achevèrent la destruction d'une institution de pur droit civil et quiritaire.

6. Enfin le système formulaire lui-même disparut peu à peu ; la distinction entre le *judex* et le *jus dicens* s'effaça ; le plaideur porta directement sa demande devant celui qui devait la résoudre, et les *extraordinariæ cognitiones* devinrent la règle au lieu d'être l'exception ; mais les principes restèrent les mêmes qu'à l'époque des grands jurisconsultes, les termes continuèrent d'être en usage, et bien des conséquences de l'ancienne procédure, incompréhensibles d'après l'organisation nouvelle, se maintinrent par l'autorité de la tradition.

C'est donc à l'époque du système formulaire que nous devons étudier la pétition d'hérédité : nous le ferons en examinant sa formule, et d'abord nous chercherons, d'après son inspection, qu'elle est la nature de l'action.

§ 2. *Formule et nature de la pétition d'hérédité.*

7. La formule de la pétition d'hérédité, autant qu'on peut le conjecturer d'après les formules analogues, était ainsi conçue : *Judex esto ; si paret hereditatem Titianam, de quâ agitur, ex jure quiritium Auli Agerii esse, quidquid Numerius Negidius pro*

herede prove possessore possidet, nisi arbitrio tuo restituat, quanti ea res erit, judex Numerium Negidium Aulo Agerio condemnato; si non paret, absolvito.

D'après cette formule, voyons dans quelle catégorie d'actions nous placerons la pétition d'hérédité.

8. En premier lieu c'est une action réelle (1) : l'action est *in rem* dans le système formulaire lorsque l'*intentio* ne désigne pas le défendeur (2); *in personam* quand il s'y trouve indiqué. Ici son nom n'y est pas mentionné : le droit réclamé par le demandeur, et dont l'existence est posée comme question dans cette *intentio*, est en effet un droit absolu; il existe *ergà omnes* : c'est à l'égard de tous, et non seulement de Numérius Négidius qu'Aulus Agérius se dit héritier de Titius; il n'est donc pas nécessaire de désigner Numérius Négidius pour déterminer le droit en litige.

La pétition d'hérédité n'est donc pas une action personnelle, car, d'une part, elle se fonde sur un droit réel, absolu; de l'autre, elle ne nomme pas le défendeur dans son *intentio*; ce n'est pas non plus une action *mixte*, au moins dans le sens du § 20, *Inst. de Actionibus*, quoiqu'on ait voulu

(1) Ulp. L. 25, § 18, D. *h. tit.*

(2) Excepté dans les actions relatives aux servitudes, où son nom est ordinairement nécessaire pour déterminer le fonds servant.

ajouter la pétition d'hérédité aux trois actions qui y sont dénommées : mais le droit du demandeur ne peut être à la fois absolu et relatif; le nom du défendeur ne peut être et n'être pas dans l'*intentio* : il n'y a donc pas d'actions à la fois réelles et personnelles. De plus, soit que le mot *mixta* indique, dans le § 20, que, dans les actions qu'il énonce, chaque partie joue à la fois le rôle de demandeur et de défendeur, et peut être condamnée, soit que par *mixta causa* on doive entendre l'effet double de ces actions, quant à la propriété qu'elles permettent de transférer, et aux condamnations qu'elles font prononcer contre les personnes, il faudra reconnaître qu'aucun de ces sens ne peut s'appliquer à la pétition d'hérédité, où le défendeur seul peut être condamné et où il n'y a pas d'*adjudicatio*.

9. Cependant la loi 7, *Cod. de Pet. her.*, appelle la pétition d'hérédité *mixta personalis actio* : cela vient, selon M. de Savigny (1), de ce que la personne du défendeur y est plus déterminée que dans les autres actions réelles, puisque c'est non pas tout possesseur, mais celui seulement qui possède *pro herede* ou *pro possessore* qui est passible de celle-ci. On peut répondre que c'est l'*intentio* qui détermine si l'action est réelle ou personnelle; or ici c'est dans la *condemnatio* que le défendeur est

(1) V, p. 10.

ainsi déterminé : les autres actions réelles aussi le nomment dans cette partie de la formule : d'ailleurs, la loi 7, *Cod. de Pet. her.* est de Dioclétien et Maximien ; le système formulaire était en pleine décadence, et il est probable qu'à ce moment on se préoccupait bien moins, pour caractériser l'action, de la détermination du défendeur dans la formule, que de la nature du droit mis en question.

Selon Doneau, qui s'appuie sur la loi 25, § 18, *D. h. tit.*, cette qualification de mixte tient aux prestations personnelles que le juge peut ordonner à raison du prix des choses vendues, prix que doit désormais le possesseur, comme quantité, comme chose fongible, et par suite personnellement, et non plus comme corps certain héréditaire, à titre de détenteur. De même pour l'argent payé au possesseur par les débiteurs, qui n'est pas à proprement parler un objet héréditaire, et dont il se trouve personnellement débiteur comme une espèce de gérant d'affaires : peu importe dès lors qu'il possède encore ou ait cessé de posséder, du moins s'il est de mauvaise foi. Mais, peut on dire, il en est de même dans l'action réelle par excellence, dans la revendication d'objets spéciaux, qui se donne même contre celui qui ne possède pas, s'il a cessé de posséder par dol (1) : c'est donc, à ce qu'il semble, per-

(1) L. 27, § 3 et L. 69, D. *de rei vindicatione*, où Paul applique à

sonnellement et non plus *ob rem* que le défendeur continue d'être tenu.

Selon nous, Dioclétien et Maximien font allusion ici au droit mis en exercice par la pétition d'hérédité : celle-ci, comme nous le verrons ci-après, peut s'intenter non-seulement contre les possesseurs d'objets héréditaires, mais aussi contre les *possessores juris,* par exemple les débiteurs de l'hérédité qui se prétendent héritiers, et, comme tels, possèdent la créance héréditaire pour l'éteindre par confusion : ici la pétition d'héritier tend à mettre en exercice non-seulement le droit réel du demandeur sur l'hérédité tout entière, mais aussi, indirectement, le droit personnel d'obligation, qu'il a, comme créancier, contre le défendeur : nous verrons que, dans des cas semblables, la pétition d'hérédité prend une partie de la nature et des effets de l'action personnelle qu'elle supplée (1). On comprend donc que Dioclétien ait appelé cette action *mixta personalis* pour lui appliquer un des effets de l'action personelle qu'elle remplaçait, celui de n'être pas repoussée par la *præscriptio longi temporis* : à cette époque, en effet, celle-ci n'était opposable qu'aux actions réelles, et ce n'est que Théodose le Grand qui permit d'arrêter les actions

la *rei vindicatio* les termes du SC. Juventien sur le *dolus præteritus* dans la pétition d'hérédité.

(1) L. 20, § 5, D. *de her. pet.*

personnelles par la prescription de trente ans (1).

10. Les actions réelles, tendant à l'exercice d'un droit de propriété, n'aboutiraient pas à un résultat satisfaisant si leur conséquence était uniquement une condamnation pécuniaire : pour arriver à une restitution matérielle, on en sanctionna la nécessité par les *prædes litis et vindiciarum*, les stipulations *pro præde litis et vindiciarum*, par la caution *judicatum solvi* : mais celle-ci ne suffisait pas toujours pour forcer le défendeur récalcitrant, à restituer au demandeur victorieux ; enfin, on permit au juge d'ordonner cette restitution, et dans certains cas, de faire exécuter son ordre *manu militari* (2) ; si cette exécution était possible et devenait effective, le défendeur était absous : il n'était condamné que quand l'ordre du juge n'était pas exécutable. Cet ordre, *jussus*, *arbitrium*, faisait donner aux actions réelles le nom d'arbitraires : la permission d'absoudre le défendeur, s'il y satisfaisait, s'exprimait dans la formule, par les mots *nisi arbitrio tuo restituat*, insérés avant l'ordre de condamner (3).

Ce n'est pas que, dans les autres actions où une pareille modification n'avait pas été apportée, le juge dût nécessairement condamner, une fois que le demandeur avait fait la preuve affirmative de l'*in-*

(1) L. 3, Cod. *de præscr. XXX vel. XL. ann.* V. Cujas, 18 obs. 26.

(2) V. M. Pellat sur la loi 68 D. *de rei vindicatione*.

(3) Certaines actions personnelles étaient aussi arbitraires, par exemple l'action *ad exhibendum*. Inst. § 3, *de officio judicis*.

tentio. Telle était l'opinion des Proculéïens, (1) qui, s'attachant aux termes de la formule, déclaraient le juge obligé de condamner sous cette seule condition, quand même le défendeur aurait, pendant l'instance, restitué ou payé. Mais les Sabiniens, moins sévères, reconnurent, dans toutes sortes d'actions, au juge le pouvoir d'absoudre le défendeur qui aurait, même après la *litis contestatio*, obéi au droit que l'action devait sanctionner, et cette opinion, *omnia judicia esse absolutoria* (2), prévalût comme plus équitable, surtout quand le système formulaire cessa d'être appliqué rigoureusement.

Le triomphe de cette opinion ne généralisa pas pourtant les actions dites *arbitraires* : elles continuèrent à différer des autres en ce que, dans celles-ci, il n'y eut toujours qu'une seule sentence, qui terminait le procès par la condamnation ou l'absolution du défendeur : s'il avait satisfait le demandeur, il était absous ; mais c'était à lui de voir, à ses risques et périls, s'il avait suffisamment exécuté son obligation : dans les actions arbitraires, le juge rendait deux décisions, la première pour arbitrer *ex æquo et bono* le *quantum* de la restitution à faire par le défendeur, qui, par conséquent, savait *à priori* ce qu'il avait à rendre, et pour lui

(1) L. 84, D. *de verb. oblig.*
(2) Gaïus, IV, 114.

donner l'ordre d'exécuter cette restitution ; la seconde pour condamner ou absoudre, selon qu'elle avait, ou non, été opérée ; enfin, au moins au temps d'Ulpien, l'*arbitrium* des actions arbitraires était exécutoire *manu militari* ; tandis que dans les autres actions, le juge ne pouvait qu'absoudre ou condamner à une somme d'argent : l'*arbitrium* ou *officium judicis* se reproduit à chaque instant dans notre titre : la pétition d'hérédité, comme les autres actions réelles, est donc aussi arbitraire.

11. Nous avons dit que dans les actions arbitraires, le juge statuait *ex æquo et bono* sur le *quantum* de la restitution à opérer ; on en a conclu que les actions réelles, qui sont arbitraires, sont *de bonne foi,* et M. de Savigny a confondu les unes et les autres sous le nom d'actions *libres*. En effet, dit-il, le juge des actions de bonne foi s'appelle *arbiter*, et dans toutes ces actions, le juge peut avoir égard à certaines exceptions, même non insérées dans la formule (1). Mais cette opinion est rejetée avec juste raison : Dans les actions *bonæ fidei*, le juge peut apprécier *ex æquo et bono* si le droit prétendu par le demandeur existe véritablement, et n'est point astreint à suivre, pour cette décision, les règles rigoureuses du droit civil ; aussi, les

(1) L. 58, D. *de her. pet.*

mots *ex bona fide* sont-ils placés dans l'*intentio* de la formule : dans les actions arbitraires, c'est la *condemnatio* qui contient les mots *nisi arbitrio tuo restituat ;* le pouvoir d'appréciation du juge porte donc sur le *quantum* de la restitution à opérer, et non sur l'existence du droit contesté : de plus, dans les actions de bonne foi, le juge peut tenir compte de la mauvaise foi du demandeur qui, par exemple, refuse au défendeur les indemnités qui peuvent lui être dues : dans les actions arbitraires, le dol du demandeur ne peut lui être opposé qu'en vertu d'une exception proposée *in jure* (1).

Cependant, pour la pétition d'hérédité, ce point était controversé. Gaius (2) et Papinien (3) qui soutenaient la nécessité de l'exception de dol, étaient contredits par Scévola (4), Ulpien (5), Paul (6), Javolenus (7), d'après qui le juge pouvait, sans qu'elle fût insérée, forcer le demandeur à payer les indemnités. C'est en ce sens qu'on se demandait si la pétition d'hérédité était une action de bonne foi, controverse que Justinien a tran-

(1) L. 23, § 4, L. 37, L. 65, L. 72, D. *de rei vindic.*, etc.
(2) L. 39, § 1, D. *de her. pet.*
(3) L. 50, § 1, *h. tit.*
(4) L. 58, *h. tit.*
(5) L. 37, *h. tit.*
(6) L. 38, *h. tit.*
(7) L. 14, *h. tit.*

chée (1) en faveur de l'affirmative ; mais déjà la question n'avait plus d'intérêt, puisqu'il n'y avait plus ni formules ni exceptions proprement dites, et que le magistrat, statuant seul, pouvait prononcer sur tous les moyens du défendeur. Ce n'est, du reste, que quant à l'inutilité de l'exception de dol que la pétition d'hérédité est assimilée aux actions de bonne foi ; il y a toujours lieu à un *jussus* avant la condamnation, et l'*intentio* n'étant pas *incerta* comme dans les actions *bonæ fidei,* il pourrait y avoir plus pétition (2).

La nature de la pétition d'hérédité ainsi déterminée, nous allons étudier les différentes questions qu'on peut soulever en étudiant sa formule dans toutes ses parties.

SECTION Ire. — Intentio de la pétition d'hérédité.

§ 1. *Præjudicium de hereditate.*

12. L'*intentio* de la pétition d'hérédité était ainsi conçue : *Si paret hereditatem Titianam, de qua agitur, Auli Agerii esse ex jure quiritium.* Elle contenait donc l'énoncé du droit prétendu par le demandeur, d'où le juge devait tirer les consé-

(1) L. 12, § 1 et § 3, Cod, *de pet. her.* et § 28, *Inst. de actionibus.*

(2) Paul, *Sent.* I, XIII *b.*, § 5. L. 1, § 5, D. *si pars hered. petatur.*

quences exprimées dans la *condemnatio*; mais ces conséquences n'étaient pas toujours déduites immédiatement : quelquefois le demandeur voulait simplement faire sa preuve, sauf à obtenir plus tard condamnation. Dans ce cas, l'*intentio* de la formule existait seule: le *judex* n'était autorisé ni à condamner ni à absoudre. Ces sortes de procès, dénués d'intérêt immédiat, s'appelaient *præjudicia* ou *præjudiciales formulæ*. Il est très-probable qu'une telle marche était permise dans la pétition d'hérédité, aussi bien que dans toutes les actions sur l'état des personnes (1). Du reste, il faut bien se garder de confondre ce *præjudicium* avec l'*exceptio ne præjudicium fiat hereditati*, exception qui empêche de préjuger, dans d'autres actions, la question d'hérédité, et dont nous reparlerons.

§ 2. *Action directe.*

13. Dans tous les cas, que la *condemnatio* vienne ou non tirer les conséquences de l'*intentio*, celle-ci, soumise au juge, doit être prouvée par le demandeur : c'est à lui de montrer que l'hérédité du *de cujus* lui appartient d'après le droit civil.

Et d'abord, qu'est-ce que l'hérédité? C'est l'ensemble de tous les droits qu'avait le défunt lors de

(1) Gaïus, IV, 44.

sa mort (1). C'est la représentation du *de cujus* sous tous les rapports pécuniaires : la personnalité juridique de celui-ci se trouve en quelque sorte continuée jusqu'à ce que l'héritier vienne s'y substituer activement et passivement. L'hérédité constitue un droit de propriété non pas seulement sur tels ou tels objets héréditaires, mais sur tous ces objets faisant corps, et, en outre, sur des biens incorporels. L'hérédité est donc elle-même un bien incorporel.

14. Ce bien peut être acquis de diverses manières : pour que la pétition d'hérédité proprement dite réussisse, il faut que l'hérédité soit déférée par le droit civil et non par le droit prétorien. Il faut être héritier, et ce titre n'est pas donné par le préteur, qui ne peut faire que des possesseurs de biens.

Peu importe, du reste, que le demandeur soit héritier testamentaire ou ab intestat, pourvu, au premier cas, que le testament soit fait conformément à la loi, qu'il n'ait pas été rompu par l'agnation d'héritiers siens ou la confection d'un autre testament, et qu'il ne soit pas annulé par la perte de la capacité du testateur ; il faut de plus que le demandeur prouve son identité avec l'héritier institué ; que le testateur soit mort, que la condition,

(1) L. 62, D. *de regulis juris*.

s'il y en a une apposée à l'institution d'héritier, soit arrivée.

Au cas de succession ab intestat, s'il n'y a pas de testament ou que celui-ci soit illégal (*injustum*), rompu (*ruptum*) ou annulé (*irritum*), l'hérédité est déférée par la loi des XII Tables, par les sénatus-consultes ou les constitutions impériales.

L'hérédité est acquise à l'héritier, soit de plein droit, par exemple, pour les héritiers siens, ou siens et nécessaires, soit par la volonté manifestée, selon les circonstances, par les paroles solennelles de la *cretio*, ou par la formalité de l'*aditio*, ou simplement par la *pro herede gestio*, par des actes d'héritier.

On réussira également dans la pétition d'hérédité, qu'on soit héritier par soi-même ou par autrui : il en est ainsi quand l'esclave ou le fils de famille du demandeur, institué héritier, a fait adition : ou bien lorsque celui-ci est héritier de l'héritier véritable du *de cujus;* dans ce cas il recueille l'hérédité litigieuse comme faisant partie de celle qui lui est déférée (1).

La qualité d'héritier pouvait encore, dans le droit ancien, s'acquérir de deux autres manières : d'abord par la *cessio in jure* par laquelle l'héritier légitime, l'agnat le plus proche, pouvait transférer

(1) L. 3, D. *de her. pet.* L. 65, D. *verb. signif.* Voyez pourtant Paul, *sent.* I, XIII *b*, § 4.

à un tiers sa qualité et ses droits d'héritier (1) ; en second lieu par l'usucapion *pro herede*, dont nous examinerons, en parlant de la durée de la pétition d'hérédité, les modifications successives.

De toutes ces manières et sous ces conditions, on devenait héritier *ex jure quiritium* : on pouvait donc réussir dans la pétition d'hérédité proprement dite, *directa*, dont nous avons cité l'*intentio*.

§ 3. *Actions fictices.*

15. A côté de cette action directe, il y en avait d'autres, au moyen desquelles on pouvait revendiquer l'hérédité sans être héritier d'après le droit civil. Dans ce cas l'*intentio* était conçue différemment : au lieu de faire dépendre la condamnation de cette condition, si le demandeur est héritier *ex jure quiritium*, le magistrat rédigeait la formule de manière que le juge dût condamner s'il reconnaissait au poursuivant tel titre, assimilé, substitué à celui d'héritier par une fiction équitable du préteur.

Ces fictions, qui substituaient une question à une autre, le droit prétorien au droit civil, firent nommer l'action qui les contenait action *fictice* ; on l'ap-

(1) Gaïus II, 34-37.

pelle aussi action *utile* par opposition à l'action directe, ou action du droit civil (1).

Cette action était employée dans tous les cas où le demandeur se trouvait avoir droit à une hérédité, ou à une universalité de biens assimilée à une hérédité, sans être pour cela héritier : elle appartenait donc à ceux à qui la possession de biens était dévolue d'après l'édit du préteur, qui, dans les successions, soit testamentaire, soit ab intestat, corrigeait la rigueur du droit civil, ou en comblait les lacunes. C'était alors la pétition d'hérédité possessoire, à laquelle un titre fort court est consacré au Digeste : les effets en sont les mêmes que ceux de l'action directe ; l'*intentio* seule, et, par conséquent, la preuve à fournir sont différentes.

Les possesseurs de biens ont encore pour sauvegarder leurs droits, l'interdit *quorum bonorum*, dont nous étudierons le concours avec la pétition d'hérédité possessoire.

De même le fidéicommissaire à qui le *de cujus* a chargé l'héritier institué ou même, plus tard, l'héritier légitime, de restituer l'hérédité, a, pour la réclamer d'un tiers possesseur, en vertu du SC. Trébellien, une action fictice, dite pétition d'hérédité fidéicommissaire. Ce n'est que sous Justinien, que toute distinction entre le droit civil et le droit

(1) Gaïus, IV, 34 et 35.

prétorien étant supprimée, le fidéicommissaire acquiert une action directe, comme l'héritier lui-même. La pétition d'hérédité fidéicommissaire avait, du reste, les mêmes règles que l'action directe ; des actions fictices semblables profitaient encore à tout ayant droit à une universalité (1), par exemple, à celui qui aurait accepté l'hérédité *libertatum servandarum causa* (2), ou qui aurait acquis les biens de la femme frappée par le SC. Claudien, aux créanciers envoyés en possession des biens de leur débiteur, ou à celui qui les leur a achetés moyennant un dividende (3), enfin à celui qui a acheté l'hérédité ou une partie aliquote de l'hérédité, soit à l'héritier, soit au fisc : tous ces cas rentraient par une fiction dans la pétition d'hérédité.

§ 4. *Fins de non-recevoir à opposer à la pétition d'hérédité.*

16. L'exception de dol, d'après la plupart des jurisconsultes, n'avait pas besoin de venir modifier l'*intentio* de la pétition d'hérédité, pour que le

(1) L. 20, § 10, D. *de her. pet.*

(2) Quant à l'héritier institué par un fils de famille militaire pour son pécule castrense, il aurait l'action directe : car il est qualifié d'héritier par les rescrits impériaux qui autorisent le testament du fils de famille militaire.

(3) L'action alors s'appelle Servienne. Gaïus, IV, 31.

juge pût s'occuper des indemnités que le demandeur pouvait devoir au défendeur.

Cela était compris dans l'*officium judicis* ; mais quant aux autres fins de non-recevoir, rentrant plus ou moins dans l'exception de dol, nous croirions volontiers que la pétition d'hérédité ne devait pas être assimilée aux actions *bonæ fidei* et qu'une exception devait être demandée *in jure* ; il en était ainsi au cas où, les parties étant convenues de s'en rapporter au serment du défendeur, celui-ci l'avait prêté ; l'exception *jurisjurandi* venait paralyser l'action, même fondée en droit civil : de même l'exception *pacti conventi* amenait l'absolution du défendeur, si le demandeur avait consenti à ne pas l'attaquer ou à tenir comme nul ou comme valable le testament que maintenant il soutenait valable ou nul ; ce consentement pouvait ne pas être exprès : si le demandeur avait reçu un legs en vertu du testament, ou si, héritier institué pour partie, il avait acquitté le legs mis à sa charge, il ne pouvait plus faire annuler ce testament pour prendre l'hérédité *ab intestat* ; il y aurait eu mauvaise foi de sa part à revenir sur cette espèce de ratification ; le préteur devait donc refuser la pétition d'hérédité si le fait était avoué, sinon la modifier par une exception (1) ;

(1) V. un rescrit d'Antonin cité dans la L. 43, D. 5. *tit. Calumnia*

mais cette ratification du testament doit avoir été faite en connaissance de cause; elle ne serait pas opposable au demandeur, s'il avait ignoré, en acceptant le legs ou en l'exécutant, le vice du testament (1). Dans ce cas, du reste, il ne peut garder le legs en vertu du testament qu'il attaque; il le restituera donc au possesseur *ex testamento*, en lui faisant donner caution de le lui rendre si le testament est reconnu valable; faute de cette caution, il garderait le legs, sauf à le déduire, en cas de succès, de la restitution que le possesseur devra lui faire.

17. A la pétition d'hérédité, comme à toutes actions, peut aussi être opposée l'exception *rei judicatæ*, mais il faut que les conditions de cette exception se rencontrent dans l'espèce; il faut que la même chose ait été jugée entre les mêmes parties, que ce soit le même droit qui ait été soumis au juge, et qui le soit de nouveau. Ainsi, le demandeur qui a succombé en arguant de faux le testament, peut encore l'attaquer comme nul de droit, ou non scellé, au moins s'il a spécifié, dans la formule de la première action, de quel moyen il entendait se servir, sans quoi tous les moyens sur lesquels elle pouvait être fondée auraient été dé-

comprend ici toute mauvaise foi, et non-seulement celle qui consisterait à attaquer sciemment un testament valable (M. Pellat).

(1) L. 8, L. 13, L. 14, D. *de her. pet.*

duits *in judicium* (1). De même *Primus* peut, après avoir agi en vain comme héritier de son chef, réclamer de nouveau l'hérédité comme successeur du véritable héritier *Secundus* : ce n'est pas la même question qui est soumise au juge dans les deux cas.

18. Enfin on peut opposer à la pétition d'hérédité des exceptions dilatoires et temporaires : si, par exemple (2), le défendeur argue de faux le testament sur lequel le demandeur se fonde, il pourra opposer une exception à la pétition d'hérédité intentée contre lui pendant l'instance en faux ; le criminel tient le civil en état ; mais pour que cette suspension ne nuise pas au demandeur, le défendeur devra donner caution de restituer l'hérédité au cas où le testament serait reconnu véritable.

Cette solution est contestée en vertu de la *L. 2, Cod. de edicto div. Hadr. toll.* Mais ce texte ne parle pas de la pétition d'hérédité ; il défend de suspendre l'envoi en possession des biens que le préteur, aussitôt après le décès, quand personne n'a encore réclamé la possession, doit ordonner au profit de l'héritier inscrit, sauf aux ayant droit à intenter la pétition d'hérédité ; dans notre espèce, au contraire, un autre que l'héritier inscrit s'est déjà mis ou fait envoyer en possession, et l'ins-

(1) L. 17, D. *eod.*, L. 3, Cod., *de pet. her.*, L. 11, § 1 et 2, et L. 14, § 2, *de except. rei judicatæ.*

(2) L. 5, § 1, D., *de her. pet.*.

tance peut être retardée sans inconvénient, puisqu'il s'agit de statuer définitivement sur le droit. et non de fixer provisoirement le fait de la possession.

SECTION II. — De la condemnatio.

CHAPITRE I. — Première partie de la *condemnatio*.

19. La première partie de la *condemnatio* est ainsi conçue : *Quidquid Numerius Negidius pro herede pro ve possessore possidet*. Nous avons donc à rechercher ce que c'est que la possession du défendeur, quelles qualités elle doit avoir, les cas assimilés à la possession et les différents titres par lesquels on peut l'expliquer.

§ 1er. *Possession du défendeur*.

20. Il faut, d'après la formule, que le défendeur possède quelque chose de l'hérédité. Or, qu'est-ce que posséder, être possesseur? Posséder un droit, c'est exercer ce droit, que la nature en soit réelle ou personnelle, et c'est l'exercer comme appartenant, ou du moins avec l'intention qu'il appartienne à celui qui en use : ainsi, posséder le droit de propriété sur une chose, ou, suivant la locution moins exacte des jurisconsultes romains, posséder une chose, c'est exercer sur elle le droit de propriété, agir comme si l'on en était proprié-

taire, la détenir avec l'*animus domini*, c'est-à-dire la croyance qu'on est propriétaire ou l'intention de l'être réellement : posséder un droit personnel, c'est l'exercer, en tirer les avantages qu'il peut procurer, en s'en prétendant titulaire ; en ce sens le débiteur possède la créance qu'on a contre lui, quand il résiste au créancier en soutenant que lui-même en est devenu titulaire, et qu'il l'a éteinte ainsi par confusion.

La détention réelle, l'exercice du droit sont donc nécessaires pour constituer la possession, mais ne suffisent pas ; il faut la volonté d'être propriétaire ou créancier : d'après cela, ceux qui détiennent pour autrui ne possèdent pas ; mais ceux au nom de qui ils détiennent ont la possession, car ils ont pouvoir sur la chose par ceux qui agissent par leurs ordres et pour eux, et ils ont l'*animus domini*, la prétention d'être propriétaires. C'est donc contre eux que la pétition d'hérédité sera dirigée, et non contre ceux qui détiennent en agissant en leur nom.

Ainsi (1), tant qu'il peut espérer que son mandant ratifiera la prise de possession, le mandataire détient pour ce mandant, qui possède et doit être actionné ; dès qu'il est certain qu'il n'y aura pas ratification, le mandataire possède pour lui-même,

(1) L. 13, § 12, D. *de her. pet.*

car c'est faussement qu'il se dit mandataire, et il possède alors *pro possessore* (V. plus bas) en se targuant d'un titre évidemment faux.

De même (1) le père ou le maître est actionné, comme possesseur d'un droit, pour le prix des choses héréditaires qu'il possède par son fils de famille ou son esclave. Le prix, en effet, n'est pas héréditaire comme la chose elle-même ; le possesseur en est tenu personnellement comme le serait un gérant d'affaires ; le père ou maître possède ici pour l'éteindre par confusion, cette créance que l'héritier a contre le fils ou l'esclave qui a fait la vente (2).

Cependant un texte (3) permet d'actionner le fils de famille ; en effet, sans même parler des pécules castrense et quasi-castrense qu'il peut avoir en propre, il a un droit plus fort sur ce qu'il détient dans son pécule, que le mandataire ou commodataire sur l'objet qu'ils détiennent en vertu du mandat ou du prêt (4) ; on peut dire jusqu'à un certain

(1) L. 31, § 1, D. *de her pet.*

(2) Il n'est donc pas nécessaire, comme le font Cujas et Pothier, de lire dans ce texte *rei* au lieu de *juris possessore*.

(3) L. 36, § 1, *eodem*.

(4) Cependant Ulpien, L. 9, D. *de rei vindic.*, soutient contre Pegasus que le commodataire, et en général ceux qui détiennent pour autrui sont passibles de l'action réelle par cela seul qu'ils détiennent et peuvent restituer. Cela ne nous paraît pas très régulier. Voy. du reste L. 2, Cod. *ubi in rem actio*, qui indique comment on mettra le véritable possesseur en cause.

point qu'il possède pour lui : il n'en est pas de même de l'esclave, qui d'ailleurs ne peut figurer dans une action.

Le titre de la possession est la cause que le possesseur allègue pour la justifier. Nous verrons quels sont les titres qui exposent à la pétition d'hérédité.

Le défendeur doit être condamné non seulement s'il possède actuellement, ou au moins lors de la *litis contestatio*, mais encore dans plusieurs cas assimilés à celui-là.

§ 2. *Cas assimilés à la possession.*

21. Il est deux cas où, quoique n'étant pas en possession, on peut être passible de la pétition d'hérédité et même d'une action réelle en général, lorsqu'on s'est offert au procès, et lorsqu'on a fait en sorte, par dol, de ne pas posséder.

S'offrir au procès, c'est déclarer qu'on possède quand on ne possède pas ; c'est accepter la question telle que le demandeur se prépare à la poser devant le préteur, et le tromper en l'empêchant d'attaquer le possesseur véritable. Cette manœuvre constitue un dol, dont la répression est sanctionnée par la caution *dolum abesse* comprise dans la *satisdatio judicatum solvi*, donnée par le défendeur lors de la *litis contestatio* ; le juge peut donc condamner le défendeur à réparer les suites de cette fraude, à indemniser le demandeur, si par exemple, pendant le temps perdu par cette erreur le véritable possesseur a acquis des fruits, est arrivé à l'usucapion, ou est devenu insolvable ; cette indemnité sera déterminée par le *jusjurandum ad litem* du demandeur avec ou sans *maximum* fixé par le juge.

Il faut, du reste, qu'il y ait eu dol véritable, et que le de mandeur en ait souffert. Si donc le défendeur après avoir affirmé qu'il possédait, a avoué le contraire lors de la *litis contestatio*, c'est par suite non d'une tromperie, mais d'une erreur à lui propre, que le demandeur a néanmoins requis délivrance de la formule ; de même si l'héritier a su que son adversaire mentait en se prétendant possesseur : il n'y a alors ni erreur, ni préjudice causé, ni par conséquent indemnité (1).

22. Sont aussi assimilés au possesseur ceux qui ont cessé de posséder par dol, quand même cette perte de la possession aurait eu lieu avant la *litis contestatio*. C'est en ce sens que la pétition d'hérédité, et plus tard la revendication, contiennent le *dolus prœteritus* ; il consiste à se défaire des objets héréditaires, quoiqu'on sache ne pas être héritier, et qu'on puisse être actionné par l'héritier

(1) L. 13, § 13, L. 45, D. *de her. pet.* L. 25, L. 26, L. 27 D. *de rei vind.*

véritable (1); il y a encore dol de la part de l'héritier apparent à restituer en vertu d'un fidéicommis à une personne déclarée incapable de recevoir par les lois caducaires (2).

Au dol est assimilée la faute, même *in omittendo*, que n'aurait pas commise un bon père de famille. Ainsi ce sera avoir fait en sorte, par dol, de ne pas posséder, qu'avoir refusé ou omis de toucher une créance qu'on pouvait percevoir (3).

Si le défendeur a, par dol, cessé ou refusé de posséder, il est tenu, dit le SC. Juventien, comme s'il possédait encore. Ainsi il doit rendre, non pas ce qu'il a pu recevoir en échange de l'objet aliéné, mais l'objet lui-même, ou si c'est impossible, son *æstimatio in litem*. Cependant, si la chose a péri par cas fortuit depuis qu'il l'a vendue, on ne peut décider que le défendeur sera condamné comme s'il ne l'avait pas aliénée ; car dans ce cas, et sous certaines conditions que nous verrons plus bas, la perte fortuite l'aurait libéré, il ne serait donc obligé à rien et s'enrichirait du prix par lui touché, tandis que dans un cas semblable, le possesseur de

(1) L. 13, § 2, L. 25, § 8, D. *de her. pet.*

(2) L. 46, D. *eodem.*

(3) Si pourtant le débiteur connaissait le défaut de titre du possesseur, celui-ci n'a pas commis de faute en n'intentant pas contre lui une action qui eût été repoussée : mais il est en faute si lui-même était débiteur : *debuit a semetipso exigere* ; V. L. 25, § 2, *h. t.* L. 6, § 12, *de neg. gest.*

bonne foi devrait restituer tout ce dont il se serait enrichi ; pour éviter ce résultat inique, conforme à la lettre, mais contraire à l'esprit du sénatus-consulte, on décide que le défendeur devra restituer le prix qu'il a reçu de l'objet héréditaire (1).

Le défendeur, même ayant cessé de posséder, ne sera pas condamné si l'héritier a déjà actionné le possesseur actuel, et a obtenu de lui, par jugement, la chose qu'il réclame ; il ne peut en effet demander une seconde fois l'hérédité, ou l'objet héréditaire que lui-même possède (2) ; mais la réciproque n'est pas vraie, et le paiement, par celui qui a cessé de posséder par dol, condamné comme s'il possédait encore, n'empêche pas de condamner aussi celui qui possède en réalité ; en effet la chose ici n'est pas comme dans le premier cas, restituée à son véritable propriétaire ; la nouvelle action a donc un intérêt qui n'existe pas dans la première hypothèse, celui d'aboutir à une restitution réelle. Ce n'est pas demander deux fois la même chose que réclamer d'abord des dommages-intérêts, et en second lieu la restitution elle-même ; il en est autrement au cas d'actions noxales (3) où l'on réclame la même chose, la réparation du délit aux deux propriétaires

(1) L. 36, § 3. D. *de her. pet.*

(2) L. 13, § 14, D. *her. pet.* L. 95, § 9, D. *de solut.*

(3) L. 26, D. *de nox. act.*

successifs de l'esclave ; ou au cas de dépôt (1), où l'exécution d'une obligation est demandée par une action personnelle, et où dès lors la condamnation ne peut être que pécuniaire ; ici au contraire il s'agit d'une action réelle, et d'une restitution à faire opérer par l'*arbitrium judicis*, qui ne peut être ordonnée en nature que contre le véritable possesseur ; il y a donc encore intérêt à l'attaquer. Enfin la loi 10, *D. de reb. cor. qui sub tut.* s'explique par les règles spéciales à la vente, où l'acheteur peut se servir des exceptions qui compètent à son vendeur (2).

§ 3. *Titres de possession.*

23. Il ne suffit pas de posséder un objet héréditaire pour être passible de la pétition d'hérédité : il faut contredire la prétention que cette action sert à établir. Le demandeur prétend être héritier ; il faut posséder, soit un objet matériel, soit un droit, à titre d'héritier. Est encore passible de la pétition d'hérédité celui qui possède sans déclarer son titre, sans dire pourquoi, ou qui possède parce qu'il possède, comme disent les jurisconsultes romains. Enfin certains titres de possession sont assimilés à ceux-là et exposent celui qui les allègue à la pétition d'hérédité.

(1) L. 1, § 43, D. *depositi.*
(2) L. 28, Cod., *de evict.*

24. Possède *pro herede*, et comme tel est passible de la pétition d'hérédité, celui qui prétend être lui-même héritier, et contredit ainsi le droit revendiqué par le demandeur. Non-seulement il répond négativement à la question posée dans l'*intentio*, mais il s'attribue la qualité que réclame son adversaire : la question soulevée porte bien sur l'hérédité : c'est bien la pétition d'hérédité qu'on doit intenter. Peu importe, du reste, ce qu'on possède, pourvu que ce soit à titre d'héritier ; ainsi le fiduciaire est soumis à notre action pour ce qu'il a reçu du fidéicommissaire en lui restituant l'hérédité (1) ; il en est de même de celui qui possède un droit, par exemple du débiteur, qui, se déclarant héritier, possède activement sa créance pour l'éteindre par confusion.

25. Celui qui se prétend héritier peut être de bonne ou de mauvaise foi, ce qui a un intérêt pour savoir à quelles restitutions il devra être tenu. Il y a bonne foi, quand le défendeur se croit réellement héritier, qu'il a des raisons plausibles pour le croire, et qu'il prouve l'existence de ces motifs, si par exemple il ignorait l'existence d'un testament, ou si, héritier testamentaire, il produit un testament dont il ignore l'altération, ou si l'*inutilité* produite par la perte de capacité du testateur,

(1) L. 13, § 6, D. *de her. pet*

la rupture, par un testament postérieur, par la prétérition d'un héritier sien, par l'agnation d'un posthume lui sont inconnues, si, en un mot, sa bonne foi provient d'une erreur de fait (1)

Si au contraire, connaissant les faits, il commet une erreur de droit, s'il croit, par exemple, que le testament subsiste malgré un testament postérieur, ou malgré un vice de forme, il semble que sa bonne foi ne puisse être admise (2) ; il pourra cependant l'alléguer, et on exigera seulement qu'il soit exempt de dol (3). En effet, le possesseur de bonne foi restitue tout le gain qu'il a tiré de l'hérédité. Mais, à la différence du possesseur de mauvaise foi, il n'a pas à entamer son patrimoine pour restituer ce qu'il ne possède plus. C'est donc pour protéger son patrimoine, pour être indemne, et non pour acquérir, que le défendeur invoque ici l'erreur de droit (4).

26. Celui qui se prétend héritier de mauvaise foi possède-t-il *pro herede ?* C'est l'opinion d'Ul-

(1) Le fou ne peut faire adition : on peut cependant demander pour lui la possession de biens *décrétale* : mais s'il meurt sans que sa folie ait cessé, par conséquent sans avoir fait adition, la possession décrétale s'évanouit, il se trouve n'avoir jamais été héritier, mais seulement possesseur. Dès lors, l'héritier qui vient à son défaut, prendra la succession : mais quoiqu'il n'y ait eu aucune erreur, le fou sera réputé avoir possédé de bonne foi. L. 31, D. *h. tit.*

(2) L. 9, D. *pr.* et § 3 *de juris et facti ignorantia.*

(3) L. 25, § 6, D. *de her. pet.*

(4) L. 8, D., *de juris et facti ign.*

pien, de Proculus et d'Arrien (1); cependant Gaïus (2) et Justinien (3) n'attribuent ce titre qu'à celui qui l'allègue de bonne foi, et déclarent que celui qui se prétend héritier en sachant qu'il ne l'est pas possède seulement *pro possessore*. On à cherché à expliquer cette divergence théorique, peu importante du reste, puisque le titre *pro possessore* expose aussi, comme nous le verrons, à la pétition d'hérédité.

Pothier veut la supprimer, en expliquant dans la loi 12 lesmots *vel per mendacium* par ceux-ci : *ou le prétend par mensonge* : Ulpien se rangerait alors à l'opinion de Gaïus. Mais le mot *vel* signifie ordinairement même ; c'est d'ailleurs négliger la loi 11, *pr.*, qui indique bien l'opinion d'Ulpien.

D'autres ont fait remarquer qu'Ulpien était Proculéien et Gaïus Sabinien ; que de plus l'opinion de chacun était vraie à un point de vue différent. Dans l'ancien droit, l'usucapion *pro herede* permettait à tout possesseur, même de mauvaise foi, des choses héréditaires, d'acquérir au bout d'un an le titre d'héritier, et, plus tard, seulement les choses possédées. Sous Adrien, un sénatus-consulte, probablement le SC. Juventien, vint révoquer cette usucapion

(1) L. 11, *pr.* et § 1, et L. 12, D. *de her. pet.*
(2) IV, 144.
(3) Inst. Lib IV, XI, § 3.

à l'égard du véritable héritier ; elle conserva seulement des effets contre les tiers : or, dit-on, Ulpien, Arrien, Proculus déclarent que celui qui de mauvaise foi se prétend héritier, possède *pro herede*, parce que, comme celui qui possède *pro herede* de bonne foi, il usucape contre les tiers. Gaïus au contraire l'assimile à celui qui possède *pro possessore*, comme ne pouvant pas plus que celui-ci usucaper contre l'héritier véritable : mais, d'un côté, pourquoi Ulpien, Arrien, Proculus l'assimilent-ils plutôt à celui qui possède *pro herede* de bonne foi qu'à celui qui possède *pro possessore*, quand celui-ci aussi, même après le sénatus-consulte, peut usucaper contre les tiers? et pourquoi Gaïus le déclare-t-il possesseur *pro possessore* plutôt que *pro herede*, quand ce dernier, pas plus que le *prædo*, ne peut usucaper contre l'héritier ? Il faut, pour justifier l'opinion d'Ulpien, trouver un rapport entre les possesseurs *pro herede* de bonne et de mauvaise foi, qui ne leur soit pas commun avec celui qui possède *pro possessore* ; pour expliquer celle de Gaïus, trouver une similitude entre le *prædo* et le possesseur *pro herede* de mauvaise foi, qui n'existe pas avec le possesseur *pro herede* de bonne foi : or, quant à l'usucapion *pro herede*, à l'égard soit des tiers, soit du véritable héritier, il n'y a aucune différence entre le possesseur *pro herede* de bonne foi, celui qui se prétend mensongèrement héritier, et le possesseur *pro possessore* (1); tous les trois usucapent contre les tiers, aucun n'usucape contre l'héritier. Si donc on assimile le *pro herede* de mauvaise foi tantôt au *pro herede* de bonne foi, tantôt au *pro possessore*, ce n'est pas dans l'usucapion *pro herede* qu'il faut chercher la cause de la divergence.

L'opinion de Doneau (2) nous semble plus plausible : il indique, en effet, un aspect sous lequel le possesseur *pro herede* de mauvaise foi ressemble plus au possesseur *pro herede* de bonne foi, un autre qui le rapproche du *prædo* : il possède en apparence *pro herede*, car ce n'est qu'après le procès engagé qu'on pourra savoir s'il est ou non de mauvaise foi ; auparavant, il ressemble parfaitement à celui qui se croit héritier : mais en réalité, au fond des choses, il est de mauvaise foi comme le *prædo*, et il sera traité exactement comme lui : la différence qui existait, au premier aspect, entre le possesseur *pro herede* de bonne ou de mauvaise foi, et le possesseur *pro possessore*, existe ensuite dans l'*arbitrium judicis*, entre le possesseur de mauvaise foi. *pro herede* ou *pro possessore*, et le possesseur de bonne foi. On peut donc dire qu'Ulpien a considéré le procès à son début, quand c'est du titre apparent qu'il faut se préoccuper, et Gaïus à son

(1) Gaïus, II, 52-58.
(2) Liv. 19, chap. XII, § 2, n° 3.

dénouement, quand le juge, dans son *officium*, doit apprécier la bonne ou mauvaise foi du défendeur.

27. La pétition d'hérédité peut être intentée non seulement contre celui qui se prétend héritier, mais aussi contre celui qui possède *pro possessore*, contre le *prædo* (1), c'est-à-dire celui qui, sans alléguer le titre d'héritier ou aucun autre pour justifier sa possession, explique le fait par le fait lui-même, et dit: Je possède parce que je possède : il semble que, dans ce cas, ce soit la revendication qu'il faille intenter et que la question soit celle-ci : Aulus Agérius est-il propriétaire des objets possédés ? et non pas : Est-il héritier de Titius ?

On a dit que s'abstenir d'alléguer aucun titre, c'était, par cela même, usurper le titre d'héritier, qui seul peut expliquer la possession des objets héréditaires. On peut dire aussi que, dans l'origine de l'usucapion *pro herede*, celui qui avait possédé à quelque titre que ce fût et même sans titre (2), soit la totalité, soit quelques-uns des objets hé-

(1) L. 11, § 1, et L. 12, D. *de her. pet.*

(2) Cette théorie, que nous verrons plus loin, de l'usucapion *pro herede* n'est pas sans difficultés. Peut-être faut-il dire que le possesseur *pro possessore* est celui qui, sans se dire héritier, nie que le demandeur le soit, et prétend conserver, en conséquence, la possession, parce que *in pari causa, melior est possidentis*. Il met donc en question la qualité d'héritier du demandeur et est passible de la pétition d'hérédité.

réditaires, acquérait, au bout d'un an, le titre et les droits de l'héritier : posséder quelques objets héréditaires, c'était donc aspirer à posséder toute l'hérédité ; c'était prendre, sinon en fait, du moins intentionnellement et dans l'avenir, le titre d'héritier, qui rendait passible de la pétition d'hérédité; cette idée se perpétua, quand même l'usucapion *pro herede* ne fit plus acquérir le titre d'héritier; on continua, quoique le motif vraiment raisonnable eût disparu, à permettre contre les possesseurs *pro possessore* l'emploi de la pétition d'hérédité.

On peut posséder *pro poesessore* non-seulement un objet matériel, mais encore un droit faisant partie de l'hérédité, quoique au premier abord ce soit plus difficile à admettre : on comprend pourtant que le débiteur de l'hérédité, sans nier sa dette, refuse de l'exécuter, sans alléguer qu'il soit héritier, en disant seulement *quia possideo;* il en serait de même de ceux qui, sans se dire héritiers, seraient débiteurs de l'hérédité en vertu d'un délit, par exemple, celui qui aurait soustrait un objet ou corrompu un esclave héréditaire. Mais celui qui, prêt a payer au véritable héritier, doute seulement que celui-ci soit le demandeur, ne serait passible que de l'action spéciale à sa dette, dans laquelle, nécessairement, le demandeur devrait prouver son droit héréditaire : en effet, ici, il ne déclare pas sa créance éteinte par confusion, il ne refuse pas de l'exécuter : il ne possède donc ni *pro herede*, ni *pro possessore* (1).

L'héritier de celui qui possédait *pro possessore* ou *pro herede*, succède à la possession de son auteur et au titre de cette possession : il est donc passible de la pétition d'hérédité, comme lui ; et cela, quand même il ignorerait à quel titre son auteur possédait, et qu'il fût de bonne foi, en ce sens qu'il crût cet auteur véritablement propriétaire. Il possède alors les choses héréditaires à la fois *ut heres*, comme étant véritablement héritier du possesseur, et *pro possessore*, comme succédant à la possession de celui-ci, qui avait cette qualité.

28. La pétition d'hérédité peut être intentée encore contre toute personne qui possède l'universalité ou une quote-part de l'hérédité, même à un titre autre que celui d'héritier, et cela au moyen de fictions ou de modifications qui assimilent dans la formule ce titre à celui d'héritier. La pétition d'hérédité est dite alors *utile*. On peut ainsi être forcé de restituer l'hérédité qu'on possède *pro bonorum possessore*, *pro fideicommissario*, *pro emptore*, *pro dote*, etc.

Celui qui s'est fait conférer par le préteur la pos-

(1) Ceci ne contredit pas l'opinion émise p. 12, note 2 : ici il y a *doute* seulement sur la qualité du demandeur, et le débiteur est prêt à payer : il y aurait possession *pro possessore*, si le défendeur *niait* cette qualité, et refusait, en conséquence, d'acquitter sa dette.

session de biens successorale, et qui se trouve en réalité n'y avoir pas droit, ne possède ni *pro herede*, car il ne se dit pas héritier *ex jure quiritium*, ni *pro possessore*, car il allègue un titre. Mais le *bonorum possessor* pouvant prévaloir sur l'héritier d'après le droit prétorien, il y a contradiction entre eux deux, et il y a lieu à la pétition d'hérédité utile en introduisant dans la *condemnatio* les mots *vel pro bonorum possessore*.

Celui qui, en vertu d'un fidéicommis, a reçu l'hérédité de l'héritier apparent, ne se prétend pas héritier ; il ne possède donc pas *pro herede* : ce n'est pas un *prædo*, car il invoque un titre ; mais comme son titre contredit celui du demandeur qui veut faire tomber le fidéicommis avec l'institution du fiduciaire, il y a lieu à la pétition d'hérédité utile. De même seront assimilés à ceux qui possèdent *pro herede*, ceux qui possédent des objets de l'hérédité comme adjudicataires de celle-ci, *libertatum servandarum causa*, etc. ; quoiqu'il n'y ait pas prétention à l'hérédité du droit civil.

Au contraire, lorsque le possesseur de l'universalité ou d'une quote-part de l'hérédité déclare posséder comme acheteur, par exemple, ou comme donataire, il n'invoque pas un titre qui contredise celui que prétend le demandeur ; il peut bien y avoir un héritier et un acheteur de l'hérédité ; ces deux titres appartenant à deux personnes différentes, ne sont donc pas inconciliables ; le demandeur aura à prouver non seulement qu'il est héritier, mais que les objets possédés font partie de l'hérédité, c'est-à-dire appartenaient au *de cujus*; c'est donc la revendication qu'il faudra intenter. Mais ici, *utilitatis causa*, on fait remarquer que l'acheteur de l'hérédité est *loco heredis*, qu'il possède l'universalité de l'hérédité aussi bien qu'un possesseur *pro herede* ; afin donc qu'il n'ait pas à subir autant de procès en revendication qu'il détient d'objets héréditaires, on déclare qu'on pourra intenter contre lui la pétition d'hérédité qui les comprendra tous ; il en sera de même dans tous les cas où le possesseur aura acquis comme universalité les droits de l'héritier apparent, par exemple, si c'est un mari à qui sa femme ait transmis l'hérédité comme comprise dans sa dot. Du reste, rien n'empêche d'attaquer le vendeur, héritier apparent, ou la femme ; mais cela peut être insuffisant à cause de leur insolvabilité, ou si le vendeur, possesseur de bonne foi, n'a touché qu'un prix minime, car alors il ne rendra que ce qu'il a touché.

Est encore tenu de la pétition d'hérédité, comme le possesseur *pro herede*, celui qui a acheté du fisc une hérédité comme vacante, du moins avant la loi 2, *Cod. de quadrien. præscript.*

20. Une autre classe de possesseurs a été assimilée aux possesseurs *pro possessore* : elle comprend

ceux qui invoquent un titre non successoral, quand ce titre est nul évidemment, et qu'ils en connaissent la fausseté. Un titre nul équivaut à l'absence de titre ; et c'est en ce sens qu'Ulpien dit que ce titre *pro possessore* peut se trouver inhérent à tous les titres : en effet, pour qu'un titre de possession puisse être invoqué, il faut qu'il y ait bonne foi, et que ce titre soit valable en lui-même, qu'il ne lui manque pour transférer la propriété, que l'existence de cette propriété chez l'auteur de qui il émane ; dans ce cas le titre transfère la possession, et peut permettre l'usucapion ; il en est encore ainsi (1) en cas de nullité ou d'inexistence du titre, s'il y avait néanmoins bonne foi appuyée sur des raisons plausibles ; mais si le titre est évidemment nul, s'il y a mauvaise foi, le possesseur ne peut plus l'invoquer, et retombe dans la catégorie des *prædones ;* il en est ainsi (2) de celui qui aurait acheté de l'héritier apparent qu'il savait fou, du mari d'une mineure de douze ans qui en aurait reçu en dot quelque objet héréditaire, du légataire qui aurait touché le legs à lui fait sur une cause dont il connaissait la fausseté ; le titre *pro possessore* s'adjoindrait aux titres *pro emptore, pro dote, pro legato.*

Il semble qu'il devrait en être de même au cas

(1) V. M. Pellat, Propriété, p. 16, n° 1.
(2) L. 13, § 1, D. *de her. pet.*

où l'acheteur de l'hérédité savait, lors de son achat, que son vendeur n'était pas héritier ; cependant Ulpien (1) déclare que l'acheteur dans ce cas n'est pas tenu comme possédant *pro possessore*, mais seulement comme un *emptor universitatis*, assimilé au possesseur *pro herede*, ce qui semble indiquer que l'acheteur de mauvaise foi à titre singulier, serait tout à fait exempt de la pétition d'hérédité. Du reste, nous verrons plus tard si l'acheteur de bonne ou de mauvaise foi même d'objets singuliers, est passible de la revendication.

30. Le demandeur pourra interroger le défendeur *in jure* avant la *litis contestatio* pour savoir s'il possède *pro herede* ou *pro possessore*, et si, par conséquent, lui-même doit intenter la pétition d'hérédité ou la revendication (2). Si le possesseur refuse de déclarer son titre, il sera réputé posséder *pro possessore* ; s'il prétend posséder à titre singulier, il devra spécifier celui qu'il allègue, si c'est comme acheteur, comme légataire, et en vertu de quelle vente et quel testament il possède, pour qu'on puisse vérifier s'il ne se targue pas, de mauvaise foi, d'un titre nul, et s'il ne doit pas être traité comme un *prædo* ; mais il ne sera pas forcé de prouver la

(1) Ulp. L. 13, § 8, D. *de her. pet.*

(2) L. 6, § 1, D. *de interrog. in jure*. L'exception prouve la règle. La loi 1, § 1, *eodem*, est interpolée par suite de l'abolition du système formulaire.

bonté de son titre : c'est au demandeur, non au défendeur, qu'incombe le fardeau de la preuve. D'après ces renseignements, le demandeur agira en pétition d'hérédité ou en revendication ; s'ils sont faux, ou si le défendeur les refuse, on pourra intenter la pétition d'hérédité, et si elle n'est pas applicable, il y sera pourvu par la *cautio de dolo* contenue dans la *satisdatio judicatum solvi* qui aura dû être donnée devant le préteur.

CHAP. II. — De ce que doit posséder le défendeur.

31. Nous avons examiné en détail presque toute la première partie de la *condemnatio* ainsi conçue : *Quidquid Numerius Negidius pro herede prove possessore possidet*. Nous avons vu ce que c'était que posséder, et posséder *pro herede* ou *pro possessore* ; il nous reste à nous occuper du mot *quidquid*, à propos duquel nous verrons ce que le défendeur doit posséder pour être passible de la pétition d'hérédité ; il faut pour cela et il suffit que le défendeur possède soit une chose, soit un droit héréditaire.

§ 1. *Des choses héréditaires.*

32. Les choses héréditaires *lato sensu* sont tout ce qui, de manière ou d'autre, peut dépendre de l'hérédité ; dans un sens plus restreint, ce mot com-

prend seulement tout ce que le défunt possédait, tout ce qui faisait partie de l'hérédité, telle qu'elle était à sa mort ; nous parlerons ensuite de ce qui a pu s'y adjoindre depuis ce moment.

Art. 1er. — *De ce que possédait le de cujus.*

33. L'hérédité, telle qu'elle était à la mort du *de cujus*, comprenait non seulement les choses sur lesquelles le défunt avait un droit de propriété quiritaire, mais aussi celles qu'il avait seulement *in bonis*, de plus celles dont il avait seulement la possession, celles dont il pouvait l'obtenir au moyen d'une action, celles qu'il pouvait retenir par une exception, enfin celles que le défunt détenait sans droit, ou qu'il possédait pour autrui, et dont il était responsable au moyen d'une action quelconque. Relativement à toutes ces choses, l'héritier véritable peut exiger que l'héritier apparent le mette ou le laisse se mettre dans la même situation où se trouvait le défunt.

34. L'hérédité comprend toutes les choses dont le défunt était propriétaire, quand même il n'en aurait pas eu la possession, par exemple, celles qu'il a pu donner en gage et que l'héritier apparent a libérées depuis ; elle comprend encore les objets engagés au défunt au moyen d'une hypothèque, quand même il n'en aurait pas été nanti, s'il pou-

vait exercer sur eux son droit par l'action *quasi-servienne*. Il en est de même des objets possédés de bonne foi par le *de cujus*, et qu'il pouvait réclamer par l'action publicienne. De même encore des choses que le défunt pouvait retenir au moyen d'une exception, sans qu'il eût d'action pour les réclamer en cas de perte de la possesion : par exemple, s'il pouvait opposer les exceptions de pacte, de serment, de chose jugée : c'est l'héritier véritable qui doit bénéficier de tous ces avantages qui appartenaient au défunt.

35. Est encore passible de la pétition d'hérédité celui qui possède les objets que le défunt détenait pour autrui, et dont son hérédité et, après l'adition, son héritier véritable, ont les risques et la responsabilité. Quoique les choses prêtées au défunt, celles qu'il possédait comme gage, ou même celles qu'il possédait *pro herede* ou *pro possessore* (1), et pour lesquelles lui-même était passible de la pétition d'hérédité, ne puissent pas être appelées véritablement héréditaires, cependant le défendeur les détient comme successeur du défunt, et, dès que le demandeur sera reconnu avoir droit à l'hérédité, il devra en reprendre la possession ou la détention, et c'est lui qui répondra aux actions

(1) L. 13, § 11, D. *de her. pet.*

qui pourraient être intentées à raison de ces objets contre le représentant du *de cujus*.

Art. II. — *Choses qui n'ont appartenu qu'à l'hérédité.*

36. La pétition d'hérédité comprend encore les choses qui, sans avoir jamais appartenu au *de cujus* font néanmoins partie de l'hérédité ; celle-ci forme en effet une sorte de personne juridique substituée activement et passivement au défunt, et pouvant acquérir ou s'obliger comme lui-même, sauf les cas où la vie physique est exigée. L'héritier doit donc succéder non seulement à ce qu'avait le défunt, mais à ce qu'avait son hérédité jacente (1).

37. Celle-ci s'augmente de tout ce qu'elle produit, et en général de tout qui s'ajoute à sa masse en vertu d'une cause intrinsèque. Ainsi les accessions qui s'ajoutent aux objets héréditaires, les alluvions, font partie de l'hérédité ; les translations de propriété résultant de la spécification, du mélange, de l'adjonction, etc., doivent se régler comme si le défunt était vivant encore ; de même l'hérédité acquiert la pleine propriété du fonds grevé d'une servitude personnelle, par l'extinction de celle-ci.

38. Sont encore compris dans l'hérédité, les objets acquis par les esclaves héréditaires, et la pétition d'hérédité sert à les réclamer. Il en est

(1) L. 20, § 3, D. *de her. pet.*

ainsi des legs qui ont pu être faits ou de l'hérédité qui a pu être déférée à l'esclave héréditaire, ou de ce qu'il a pu stipuler des tiers ; mais il y a ici des exceptions : ce que l'esclave héréditaire a recueilli ou stipulé pour l'héritier apparent et au moyen de valeurs fournies ou de risques courus par celui-ci, ne devra pas être restitué à l'héritier véritable, et profitera au possesseur (1) ; il en est de même des valeurs que l'esclave héréditaire a pu acquérir à celui-ci *ex operis suis*, par son travail ; en effet l'usage, étant un pur fait, appartient au possesseur, même de mauvaise foi, même quand il doit restituer les fruits ; et ici il faut distinguer entre ce que le possesseur a pu retirer du travail de l'esclave et la *merces* qu'il a pu obtenir en le louant, et qu'il devrait rendre à titre de fruit.

30. Est encore passible de la pétition d'hérédité celui qui possède une valeur provenant d'une chose héréditaire, quoique ne pouvant être considérée comme un fruit, par exemple le part des esclaves. Il en est de même du prix des choses héréditaires vendues : nous verrons plus tard dans quels cas ce prix peut être dû, même s'il n'est plus aux mains du défendeur. Est encore tenu, celui qui possède une chose achetée avec ce prix, au moins jusqu'à concurrence de la valeur de cette chose : car s'il

(1) L. 33, D. *eodem*.

possède la chose elle-même en son propre nom, et comme acheteur, il possède comme héritier le profit retiré de la vente de la chose héréditaire, profit employé à l'achat et par conséquent converti en l'objet acheté. Il en est de même de celui qui, comme héritier, a obtenu contre le possesseur l'*æstimatio in litem* de la chose héréditaire que celui-ci ne restituait pas. C'est une sorte de prix de vente ; or ce prix, quoique n'étant pas à vrai dire héréditaire, car il n'a jamais appartenu au défunt ni à l'hérédité, le devient en quelque sorte par subrogation réelle à la chose qu'il remplace. De même l'héritier fiduciaire qui a restitué devra rendre ce que, en vertu du testament, il a pu retenir sur l'hérédité ou recevoir du fidéicommissaire, car quand même ce serait à titre particulier qu'il l'aurait reçu, ce serait toujours un bénéfice que lui aurait procuré sa qualité d'héritier (1).

Si, au cas de vente, la chose n'était pas héréditaire et que l'éviction ait eu lieu, le vendeur a dû rendre le prix ou du moins payer des dommages-intérêts à son acheteur. Dans ce cas, ceux-ci devraient se déduire du prix à restituer au demandeur ; là possession, la détention seule de la chose appartenait à l'hérédité : l'héritier ne doit donc en acquérir les avantages, le prix de vente, qu'en

(1) L. 13, § 6, D. *de her. pet.*

supportant les charges, les dommages-intérêts pour éviction. De même il n'y aurait plus de prix à rendre au demandeur, s'il avait été restitué à l'acheteur pour cause de nullité ou de rescision de la vente. Mais le prix sera dû au demandeur quoique la chose ait péri chez l'acheteur ou ait été par lui usucapée ; car c'est toujours un gain retiré de la qualité d'héritier. Le demandeur, d'ailleurs, aurait pu vendre aussi (1) ; il en sera ainsi même pour le possesseur de mauvaise foi, comme nous l'avons vu, malgré la règle qui assimile celui qui a cessé de posséder par dol à celui qui a continué de posséder.

Le défendeur devra encore restituer la clause pénale qu'il a touchée, en cas de retard par l'acheteur de la chose héréditaire de payer son prix, ou la somme qu'il a pu garder en vertu du pacte commissoire, si le retard dans le paiement du prix a fait résoudre la vente. Il doit aussi rendre à l'héritier l'interdit *unde vi*, l'action en réintégrande contre celui qui l'aurait dépouillé violemment de la chose héréditaire : mais s'il a usé de cet interdit, il ne restituera pas les dommages-intérêts qu'il a obtenus, et qui lui ont été payés à raison de la violence qu'il a personnellement éprouvée. De même s'il avait actionné le détenteur et que celui-ci, ne

(1) L. 20, § 17, D. *de her. pet.*

s'étant pas présenté devant le juge, lui eût payé la clause pénale encourue pour ce fait (1). Cette peine, réparation d'un affront tout personnel, ne sera pas rendue au demandeur de la pétition d'hérédité. Au contraire, on lui rendra la condamnation prononcée en vertu de la loi Aquilia, même portée au double *propter inficiationem*, quoiqu'il y ait ici une pénalité, parce qu'il n'y a rien de personnel au possesseur : de plus le possesseur peut bien tirer parti des interdits qui sauvegardent la possession, mais non de l'action Aquilienne qui n'est donnée qu'au seul propriétaire.

La pétition d'hérédité comprend encore l'argent reçu des débiteurs héréditaires comme remplaçant la créance, quoique, à proprement parler, il ne soit pas héréditaire (2).

40 Sont encore comprises dans la pétition d'hérédité les choses acquises pour l'utilité de cette hérédité; en effet, le possesseur, considéré comme

(1) Et promise dans la caution *judicatum solvi*.

(2) Une observation peut être faite sur ces sommes touchées par le défendeur : à moins que cet argent ne soit resté bien distinct de l'argent du possesseur, ce qui arrivera rarement, celui-ci sera tenu plutôt comme *possessor juris* que comme *possessor rei*. Cet argent, en effet, n'est pas un corps certain : c'est, non pas telles pièces d'or que l'héritier réclame comme ayant été payées par l'acheteur ou le débiteur, mais telle ou telle valeur : l'argent n'est pas restituable en nature comme une chose héréditaire : il est devenu la propriété du possesseur, qui le doit comme une sorte de gérant d'affaires, par une action personnelle comprise dans la pétition d'hérédité.

gérant de cette hérédité, en ayant pris possession pour elle, lui en a, en quelque sorte, transféré la propriété : peu importe que les objets aient été acquis avec l'argent héréditaire ou avec celui du possesseur. Seulement, dans le premier cas, il suffira que l'objet ait été acquis en vue de l'hérédité ; dans le second il faut qu'il lui soit très utile ; peut-être est-ce à titre de preuve de l'intention de l'acheteur, qu'on exige plus dans ce dernier cas, pour combattre la présomption qu'il a acheté pour lui-même, résultant de l'emploi de ses propres deniers.

Quant aux objets achetés avec l'argent héréditaire, ils ne sont pas héréditaires s'ils n'ont pas été achetés pour l'hérédité, et l'on peut dire qu'ils ne remplacent pas même une chose de l'hérédité, car les deniers de celle-ci deviennent, dès que le défendeur les a appréhendés, sa propriété, sauf à lui à les devoir comme genre ; on ne voit donc pas pourquoi les objets acquis avec cet argent seraient héréditaires, excepté s'ils ont été achetés pour l'hérédité.

41. *Fruits.* Nous avons ici à parler des fruits que possède le défendeur; nous traiterons plus tard des fruits consommés et de ceux qui auraient dû être perçus.

Dans la revendication, au temps des jurisconsultes, le possesseur de bonne foi était considéré dans tout ce qui concernait le fait de sa possession, comme propriétaire ; or la perception des fruits est un des principaux actes de la possession ; il les faisait donc siens définitivement dès qu'il les avait perçus (1), et quand même il les eût encore possédés lors de la revendication, il n'était pas tenu de les rendre : le juge, en lui ordonnant de rendre la chose *cum causa sua*, avec ses accessoires, ne comprenait sous ces mots que les fruits perçus depuis la *litis contestatio* (2) ; il en était autrement du possesseur de mauvaise foi, qui ne pouvant usucaper, n'avait pas la véritable possession civile; il devait donc rendre tous les fruits présents, sans parler des fruits *consumpti* et *percipiendi*. Plus tard on ne considéra le possesseur de bonne foi comme propriétaire que provisoirement, même pour ce qui tenait à la possession, et il dut rendre les fruits perçus avant la *litis contestatio* : seulement, par application du principe qu'il n'est tenu que jusqu'à concurrence de son émolument, on ne l'obligea à restituer que les fruits non encore consommés, si bien que l'acquisition eut lieu dé-

(1) Ou plus exactement dès qu'ils existaient séparément du sol, à la différence de l'usufruitier et du fermier.

(2) Nous adoptons ici le système de M. Pellat, contre le système ancien, et celui de M. de Savigny; V. L. 48, *in fine*, D. *de acq. rer. domin.*; L. 25, § 1, L. 28, D. *de usuris*; L. 13. D. *quib. mod. usufr. amitt.*; L. 78, D. *de rei vindic.*; L. 2, Cod. *de pet. her.*—V. *contrà*, L. 48 (*initio*), D. *de acq. rer. dom.* L. 4, § 2, D. *finium reg.* L. 1, § 2, D. *de pign. et hyp.*

sormais par la consommation et non par la séparation du sol (1).

C'est cette règle qui de tout temps avait été admise pour la pétition d'hérédité, même quand, dans la revendication, le possesseur de bonne foi acquérait par la séparation ; en effet, l'hérédité est une universalité non limitée à tel ou tel objet ; elle comprend ce qui vient des choses héréditaires ; les fruits en feront donc partie comme choses héréditaires principales, et non comme accessoires ; c'est ce qu'on a formulé dans cette règle : *fructus augent hereditatem* (2).

Tous les fruits existants sont donc compris dans la pétition d'hérédité, même dirigée contre le possesseur de bonne foi (3) ; il n'importe qu'ils aient été perçus par des moyens déshonnêtes (4). On doit encore restituer les fruits du gage donné au défunt, et que le possesseur a perçus comme successeur de celui-ci.

Enfin, si les fruits ont produit eux-mêmes des fruits, ceux-ci sont compris dans la pétition d'hé-

(1) L. 22, Cod. *de rei vindic.* Inst. Just. II, 1, § 35.

(2) L. 20, § 3. L. 25, § 20. L. 26, D. *de her. pet.* L. 2, Cod. *de pet. her.* Voët pense que dans la pétition d'hérédité utile *adversus emptorem universitatis* donnée, *ne singulis judiciis vexetur*, on ne peut être plus sévère que dans la revendication, et que, par conséquent, au temps des jurisconsultes, les fruits non consommés ne seront pas restitués. V. aussi Glück (Pandect. VII, p. 768).

(3) L. 56, D. *de her. pet.*

(4) L. 27, § 1, L. 52, D. *de her. pet.*

rédité, comme provenant d'objets héréditaires.

Nous avons vu que les objets achetés par le possesseur, avec l'argent de l'hérédité, mais pour lui-même, ne sont pas héréditaires; il nous paraît que les fruits de ces choses ne doivent pas par conséquent être compris dans la pétition d'hérédité, même quand le possesseur est de mauvaise foi.

Tout ce que nous venons de dire des fruits peut s'appliquer aux intérêts, lorsqu'ils sont perçus, des sommes et créances héréditaires.

§ II. *Des droits héréditaires.*

42. Nous avons vu ce que c'est que posséder des droits héréditaires ; nous allons voir comment les actions que possède ainsi le défendeur peuvent entrer dans la pétition d'hérédité.

Nous parlerons d'abord des droits qui compétaient au défunt lui-même : si les débiteurs les possèdent *pro herede* ou *pro possessore*, il y aura lieu à la pétition d'hérédité, qui, en ce sens, comprend toutes les actions personnelles, quelle qu'en soit la source; ainsi, dans la pétition d'hérédité on pourra faire rentrer l'action *pigneratitia directa* pour réclamer le gage que le défunt avait donné au possesseur ; les interdits *unde vi*, etc., que le défunt pouvait exercer contre lui, l'action *furti*, *legis Aquiliæ*, etc. Ces actions rentrent dans la pétition d'hérédité avec la nature et les modalités qui leur sont propres ; ainsi, si la dette est suspendue par un terme ou une condition, la condamnation ne pourra être prononcée, ou du moins exécutée immédiatement ; la question d'hérédité sera jugée, mais le juge devra seulement ordonner au défendeur de donner caution de payer le demandeur lors de l'échéance, ou si la condition se réalise ; peu importe du reste que la *litis contestatio* ait lieu avant l'échéance ou l'événement de la condition : car même à cette époque, s'il y a lieu à la pétition d'hérédité, le droit héréditaire du demandeur existe, et le défendeur possède *pro herede* ou *pro possessore* la créance non échue ou la *spes debitum iri*. Si le défunt avait déjà fait condamner son débiteur, son héritier a contre celui-ci, pour l'exécution de la première condamnation, l'action *judicati* qui tend à en obtenir le double ; elle pourra être comprise dans la pétition d'hérédité qui, dans ce cas, emportera comme elle, condamnation au double ; il en est autrement de l'action de la loi Aquilia ; celle-ci n'emporte condamnation au double que si le défendeur nie le fait qu'on lui impute ; en se prétendant héritier, il nie la qualité d'héritier du demandeur et non pas son propre délit, il n'est donc pas passible de la peine du double infligée à la dénégation (1). L'action noxale qu'avait le défunt rentre encore

(1) L. 20, § 1, D. *de her. pet.*

dans la pétition d'hérédité, mais le juge devra ne condamner le possesseur que s'il ne fait pas l'abandon noxal, comme si l'action eût été intentée par le défunt lui-même. Si le défunt avait exercé déjà l'action noxale, et que l'héritier intente la pétition d'hérédité avant que l'abandon noxal soit opéré, il l'intente en vertu de la condamnation première, et dès lors le juge ne pourra permettre l'abandon noxal, car l'action *judicati*, comprise ici dans la pétition d'hérédité, en arrête la possibilité.

De même encore si le possesseur n'a été obligé envers le défunt que par son fils de famille ou son esclave, l'action de l'obligation sera comprise dans la pétition d'hérédité, mais sous la modification *de peculio* qui la limitera à la consistance du pécule, et permettra même au père ou maître de prélever ses propres créances. Cependant si les valeurs que le fils de famille ou l'esclave se sont procurées en s'obligeant envers le défunt ou l'hérédité, si le prix qu'ils ont retiré par exemple de la vente de l'objet héréditaire, est encore dans leur pécule, le père ou maître qui l'a entre les mains, doit le rendre sans déduction, car alors ce n'est plus *de peculio* mais *de in rem verso* qu'il est tenu (1).

Cependant les actions qui rentrent ainsi dans la pétition d'hérédité perdent leur nature temporaire;

(1) L. 35, D. *de her. pet.*

en effet, peut-on dire, le possesseur, même de bonne foi, se prétendant héritier, devait éteindre par confusion la créance qu'il possédait, ce qui n'est pas autre chose que se la payer à lui-même; dès lors la prescription ou l'extinction de la créance par le temps n'a pu courir, puisqu'il y a eu paiement fictif.

43. Ce que nous avons dit sur les actions du défunt s'applique aussi à celles qui n'ont jamais appartenu qu'à l'hérédité : par exemple, si quelque délit a été commis contre elle, si l'on a contracté avec un esclave héréditaire, si l'on a géré les affaires de l'hérédité; nous avons vu qu'on pouvait encore considérer comme débiteurs de l'hérédité, aussi bien que comme détenteurs des choses héréditaires, ceux qui ont touché l'argent de l'hérédité, le prix des choses vendues, ou le montant des créances héréditaires, dès qu'ils possèdent ces valeurs, non comme corps certains, mais comme genre; dès lors ils seront passibles, s'ils se prétendent héritiers, ou seulement s'ils prétendent leur obligation éteinte et refusent de l'exécuter, de la pétition d'hérédité comme *possessores juris* soit *pro herede*, soit *pro possessore*.

44. A côté des actions qu'avait le défunt ou qui sont acquises à l'hérédité, se trouvent les actions que le possesseur a acquises *ex hereditate* au moyen d'objets héréditaires : en effet, quoique le

défendeur soit réellement propriétaire de l'action à lui acquise par un contrat ou un acte quelconque, c'est comme héritier ou possesseur qu'il a fait ce contrat, qu'il détenait la chose à l'occasion de laquelle l'action lui a été acquise : il possède donc l'hérédité, en ce sens que c'est comme héritier qu'il exerce cette action. Il sera donc passible de la pétition d'hérédité.

Il en est ainsi de l'héritier institué qui a payé des legs ou des fidéicommis, car ceux-ci étant nuls aussi bien que le testament, il a payé indûment, et a la *condictio indebiti* : c'est cette action qu'il devra restituer. De même, le possesseur qui a vendu les choses héréditaires, sans en avoir touché le prix, a l'action *venditi*, celui qui a prêté les deniers héréditaires a la *condictio certi*, la femme qui a donné en dot l'hérédité, a, après le divorce, l'action *rei uxoriæ* pour la réclamer. Celui qui a été dépouillé violemment a l'interdit *unde vi*, celui qui a cédé l'objet héréditaire à titre précaire a l'interdit *quod precario* : toutes ces actions constituant un bénéfice retiré de la qualité d'héritier, rendent passible de la pétition d'hérédité. Nous avons vu pourtant que l'interdit *unde vi* ne sera transféré au demandeur qu'en tant qu'il est restitutoire, et que les dommages-intérêts resteront au possesseur qui a été dépouillé.

Toutes ces actions seront cédées au moyen d'un

mandat donné par le possesseur au demandeur qui sera ainsi constitué *procurator in rem suam*.

Du reste, si c'est par faute ou dol que l'objet héréditaire a été vendu, ou que l'action obtenue est devenue inefficace, le demandeur pourra exiger restitution, comme si les faits entachés de dol ou de faute n'avaient pas eu lieu, sauf l'application du principe que le possesseur de bonne foi n'est tenu que jusqu'à concurrence de ce dont il s'est enrichi.

45. D'après Paul (1), il faut excepter, des droits héréditaires dont la possession expose à la pétition d'hérédité, les servitudes prédiales ; attendu, dit-il, qu'elles ne sont pas susceptibles de restitution : c'est alors l'action confessoire de la servitude qu'il faut exercer : mais si le motif du jurisconsulte était plausible, cette action aussi serait impossible, car elle aboutit à une restitution, au moins par une caution que donne le défendeur de souffrir la servitude : on ne comprend pas pourquoi, si le défendeur possède la servitude *pro herede* ou *pro possessore*, on ne pourrait pas intenter contre lui la pétition d'hérédité pour aboutir à un semblable résultat.

46. Nous avons dit que la pétition d'hérédité comprenait des choses même non héréditaires,

(1) L. 19, § 3, D. *de her. pet.*

dans le sens étroit de ce mot : par exemple, celles que le défunt avait *ex bonis* ou celles qui n'ont appartenu qu'à l'hérédité. En sens contraire, elle ne comprend pas les choses qui appartiennent non plus à l'hérédité, mais à l'héritier lui-même et qu'il a personnellement une action pour réclamer : ainsi elle ne pourra être intentée contre celui qui a fait les affaires, non de l'hérédité, mais de l'héritier, indépendamment de cette dernière qualité. En effet, la question d'hérédité est ici tout à fait hors de cause.

Ainsi encore le patron succédant à son affranchi ne pourra intenter la pétition d'hérédité contre celui en faveur de qui l'affranchi aura aliéné en fraude de ses droits, parce que c'est comme patron et non comme héritier qu'il demande la révocation de l'aliénation : il devra intenter l'action Calvisienne, et celle-ci n'est pas héréditaire, car elle ne pouvait appartenir ni au défunt ni à aucun autre héritier que le patron (1).

Les deux décisions suivantes pourraient être critiquées : si le défunt est mort avant d'avoir usucapé et que l'héritier ait achevé son usucapion, c'est, dit Paul (2), en vertu de son propre droit et non de celui du *de cujus* qu'il est propriétaire : il réclamera donc la chose comme propriétaire par la

(1) L. 16, § 6, D. *de her. pet.*
(2) L. 19, § 1, *eodem.*

revendication, et non comme héritier par la pétition d'hérédité. Mais, peut-on répliquer, le possesseur niera l'accomplissement de l'usucapion, en niant la qualité d'héritier qui a permis au demandeur de continuer la possession du défunt : la question d'hérédité restera donc toujours la question principale. Le même Paul (1) ne permet à l'héritier d'agir par la pétition d'hérédité contre le meurtrier de l'esclave héréditaire que si le meurtre a eu lieu avant l'adition d'hérédité; si c'est après, dit-il, c'est de l'héritier lui-même personnellement et non de l'hérédité que le meurtrier se trouve débiteur : c'est l'action de la loi Aquilia qu'il faudra employer : mais, peut-on dire, ce meurtrier pourra se prétendre héritier, et, par suite, propriétaire de l'esclave : il faudra donc juger la question d'hérédité ; d'ailleurs le possesseur de l'esclave qui l'a tué, a cessé de posséder par dol ; il doit donc être tenu de la pétition d'hérédité comme s'il possédait encore.

Chapitre III. — Deuxième partie de la *condemnatio*.

Arbitrium judicis.

47. Nous avons à étudier maintenant une autre partie de la formule, les mots *nisi arbitrio tuo res-*

(1) L. 36, § 2, *eodem*.

tituat, qui donnent au juge, dans les actions réelles, sous le nom d'*arbitrium*, le pouvoir de fixer, une fois le droit du demandeur reconnu, la restitution moyennant laquelle le défendeur pourra encore éviter la condamnation; nous aurons à voir aussi ce qui concerne les déductions, indemnités et garanties que le défendeur pourra exiger du demandeur en lui faisant cette restitution et que le juge peut ordonner, mais dans la pétition d'hérédité seulement et non dans les autres actions réelles, en vertu de l'exception de dol qui y est sous-entendue, à l'exemple des actions de bonne foi. Nous aurons à parler de la restitution de ce que possède le défendeur lors de la sentence, puis de ce qu'il a cessé de posséder auparavant, qu'il soit de bonne ou mauvaise foi, enfin, de ces indemnités ou garanties.

§ 1. *De ce que le défendeur possède lors de la sentence.*

48. Le défendeur doit restituer tout ce qu'il possède de l'hérédité au jour de la sentence; il doit abandonner tout gain qui lui proviendrait de la qualité d'héritier, qui se trouve ne pas lui appartenir; tous les objets ou droits dont la possession, avons-nous dit, rend passible de la pétition d'hérédité, doivent être compris dans la restitution, et

cela, même si le défendeur qui ne les possédait pas lors de la *litis contestatio*, se trouve en avoir la possession lors de la sentence; bien plus, au cas où il ne possédait rien lors de la *litis contestatio*, l'action pourra servir à lui faire restituer ce que, depuis, il a commencé à détenir (1); l'action, il est vrai, n'a pu être intentée si le défendeur ne possédait rien, de l'aveu même du demandeur; mais il faut supposer que le demandeur contestait ce défaut de possession; l'action, dès lors, a pu s'engager, et quand même le défendeur prouverait que ses mains étaient vides en effet à ce moment, il sera condamné s'il a acquis depuis quelque chose héréditaire; et cette solution n'est pas en contradiction avec le principe que le juge ne peut statuer que sur ce qui existait lors de la *litis contestatio, de eo quod in judicium deductum est* (2); ce qui est ici soumis au juge, c'est, non le fait de la possession du défendeur, mais le droit du demandeur à l'hérédité, qui forme la question posée dans l'*intentio*; le principe cité ci-dessus s'appliquerait si le demandeur n'était devenu héritier qu'après la *litis contestatio*. Ces principes sont aussi ceux de la revendication (3).

(1) L. 18, § 1, D. *de her. pet.*

(2) L. 23, D. *de judiciis*.

(3) L. 27, § 1, *in fine*, D. *de rei vindicatione*. L. 7, § 4, D. *ad exhibendum*. L. 1, § 20, D. *depositi*. L. 30, D. *de peculio*.

Il est possible que la caution *judicatum solvi* que le préteur a forcé le défendeur à donner, au début de l'instance, devienne insuffisante s'il acquiert la possession de nouvelles choses héréditaires ; dans ce cas, le demandeur pourra revenir devant le préteur, qui forcera son adversaire à donner une caution supplémentaire (1). Si, du reste, le possesseur doit restituer toutes les choses héréditaires, il ne faut pas qu'il y ait double emploi ; ainsi, le possesseur a vendu un objet héréditaire et a touché le prix, puis, de son argent, a racheté l'objet ; l'objet et le prix sont héréditaires ; il ne devra pourtant pas les restituer tous les deux, car le prix n'est dû que comme représentation de l'objet vendu ; il devra donc restituer celui-ci, et s'il l'a racheté moins cher qu'il ne l'a vendu, l'excédant du prix de vente sur celui de rachat, l'objet comme chose héréditaire, l'excédant comme gain tiré de l'hérédité.

§ II. *De ce que le défendeur ne possède pas lors de la sentence.*

40. Quant à ce que le défendeur ne possède pas lors de la sentence, il se peut pourtant qu'il ait à le restituer : cela dépend de sa bonne ou mauvaise foi. Nous verrons d'abord quelles restitutions sont

(1) L. 41, D. *de her. pet.*

imposées au possesseur de mauvaise foi, puis ce qui concerne le possesseur qui se croyait réellement héritier.

Art. 1. — *Du possesseur de mauvai e foi.*

30. Nous avons vu ce que c'est que posséder de mauvaise foi l'hérédité : il se peut que cette mauvaise foi n'ait pas toujours existé ; dans ce cas, ce qui a eu lieu avant la cessation de la bonne foi sera réglé par les principes de l'article suivant, et ce qui l'aura suivie par ceux que nous allons exposer ici : ainsi, à la différence de l'usucapion, la bonne foi *ab initio* n'a pas les mêmes conséquences que la bonne foi continue.

Nous avons vu que, d'après le Sénatus-Consulte Juventien, celui qui a fait en sorte de ne pas posséder, par dol ou faute, est tenu comme s'il possédait ; or le possesseur de mauvaise foi devait conserver l'hérédité pour la restituer à l'héritier véritable, et gérer cette hérédité de sorte qu'elle se maintînt et s'accrût autant que possible ; il est donc coupable de faute ou de dol, et par conséquent responsable, d'un côté, s'il a cessé de posséder ce qu'il pouvait retenir, de l'autre, s'il a manqué d'acquérir faute de soins et de diligence. Nous allons examiner ces deux hypothèses.

31. Le possesseur de mauvaise foi est respon-

sable de ce qu'il a cessé de posséder, car il devait conserver; il en est ainsi en cas de dol et de faute; il est considéré alors comme possédant encore: si, par exemple, il a vendu la chose héréditaire, il continuera à devoir la chose même ou sa valeur, et non pas le prix, peut-être inférieur, ou qu'il n'aura peut-être pas pu obtenir d'un acheteur insolvable: mais si ce prix est supérieur, comme il ne doit pas s'enrichir *ex re hereditaria*, ce sera ce prix qu'il devra rendre; le demandeur aura donc le choix et pourra réclamer, soit la chose elle-même ou son équivalent, soit le prix réel auquel elle aura été vendue, en ratifiant la vente dans ce dernier cas, comme si elle eût été faite par un gérant d'affaires; si, pourtant la chose a péri chez l'acheteur et qu'elle eût dû périr également chez le possesseur, le demandeur ne devra pas réclamer la valeur de la chose comme si le défendeur la possédait encore, la vente a été utile à l'hérédité, à qui elle a conservé, non la chose destinée à périr, mais au moins le prix; le demandeur devra donc ratifier la vente et se contenter du prix réellement tou[illegible]né par le possesseur.

52. Si le défendeur a cessé de posséder par cas fortuit, il semble qu'il doive être déchargé de toute responsabilité, car on ne peut dire qu'il ait fait en sorte de ne pas posséder (*non fecit quominus possideret*). Cependant, il faut remarquer qu'il y a tou-

jours une sorte de faute de sa part ; il a eu tort, dès qu'il a su n'être pas héritier, de conserver la possession au lieu de restituer ; ce tort, cette faute consistant dans le retard de la restitution, prennent le nom de demeure (*mora*), le possesseur de mauvaise foi est donc en demeure *ab initio*, même avant toute interpellation (1) ; celle-ci n'est exigée que pour les actions personnelles : cette faute doit être réparée en tant qu'elle porte préjudice au demandeur ; dès lors, le possesseur de mauvaise foi supportera la perte par cas fortuit, mais il pourra se libérer en prouvant que la perte eût eu lieu également chez le demandeur ; encore, même dans ce cas, sera-t-il responsable si celui-ci prouve à son tour qu'il eût vendu la chose avant la perte (2).

Si le possesseur de mauvaise foi est en demeure par suite de la mauvaise foi elle-même, à plus forte raison l'est-il après la *litis contestatio* (3) ; nous

(1) L. 10, § 2, D. *de her. pet.* L. 20, D. *de condict. furtiv.* L. 9, D. *de vi et de vi arm.*

(2) L. 14, § 1, D. *depositi*. L. 20. § 21, D. *de her. pet.* Se fondant sur ces lois et sur les LL. 40, D. *de her. pet.* et 47, § 6, D. *de legatis* 1°, M. de Savigny soutient que la possibilité de la vente par le demandeur est le motif et non la condition indispensable de la responsabilité du possesseur de mauvaise foi : mais le contraire résulte de la L. 15, § 3, *de rei vindic.*, et il faut apparemment expliquer par le cas où la vente n'eût pas dû avoir lieu, la L. 36, § 3, D. *de her. pet.* qui semble implicitement libérer le possesseur de mauvaise foi, en général, de toute responsabilité touchant les cas fortuits.

(3) L. 40, D. *de her. pet.*

verrons qu'il en est autrement du possesseur de bonne foi.

53. Du reste, il ne faut pas qu'au moyen de cette règle le demandeur puisse obtenir deux fois la même chose : si donc c'est en faveur de l'héritier lui-même que le possesseur de mauvaise foi s'est dessaisi de la possession, par exemple, à titre de legs, l'héritier ne pourra réclamer l'hérédité que déduction faite de ce legs qu'il détient déjà ; de même si le possesseur avait pris sur ses propres biens pour payer le legs, il l'imputera comme dépense utile sur l'hérédité.

Il en est de même si le possesseur a été forcé d'abandonner la possession : par exemple, s'il a payé un legs ou des fidéicommis qu'on pouvait le forcer à payer ; dans ce cas, il ne devra rien restituer que ce qu'il a reçu en échange, d'après le testament. S'il avait vendu l'objet par spéculation, il en devrait toute la valeur.

Si le possesseur a été évincé par jugement, il n'est pas tenu ; l'héritier aurait été évincé comme lui ; il en sera autrement s'il a perdu son procès par collusion ou négligence.

La vente faite dans l'intérêt de l'hérédité ne pourra non plus être critiquée, et le possesseur devra seulement le prix des choses vendues ; par exemple, si la vente était nécessitée par des dettes, dont le non-paiement eût entraîné une clause pénale ou la perte d'un gage, ou qui portaient intérêt, ou encore par des réparations urgentes, par la qualité des objets eux-mêmes, susceptibles de périr et de se détériorer, etc.

54. Le possesseur de mauvaise foi est encore responsable de sa faute et de sa négligence si elles l'ont empêché de recueillir ou d'acquérir quelque chose; par exemple, si, en n'agissant pas contre les débiteurs héréditaires, il les a laissés devenir insolvables, ou si l'action s'est éteinte, faute de l'exercer dans le temps fixé ; si, pourtant, les débiteurs connaissaient son défaut de titre, il n'y a pas eu faute, à lui, de ne pas les actionner, car il aurait été repoussé facilement : il ne sera donc pas responsable ; mais s'il devait lui-même à l'hérédité, il devait, nous l'avons vu, payer entre ses propres mains, il ne peut donc opposer l'extinction de l'action ou la prescription acquise contre la dette.

Le possesseur doit céder les actions, qu'il a acquises de son chef *ex rebus hereditariis*; par exemple s'il a vendu la chose héréditaire; s'il est de mauvaise foi, il sera responsable des fautes qui auraient pu diminuer la valeur de ces actions, aussi bien que des actions à proprement parler héréditaires.

Cette responsabilité doit s'apprécier eu égard à la diligence qu'apporte un bon père de famille en général, et non à celle que le possesseur ou le demandeur apporte à ses propres affaires; nous allons voir s'il en est de même en matière de fruits.

55. *Fruits.* Tous les fruits, perçus même *ante litem contestatam,* sont compris dans la pétition d'hérédité, nous l'avons vu, comme objets héréditaires principaux et non comme accessoires; il en est de même des fruits que le possesseur de mauvaise foi a refusé ou négligé de percevoir; bien plus, à l'époque des jurisconsultes, il devait les restituer au double de leur valeur (1) et cela dura jusqu'à Justinien, dans le code duquel on ne parle que de la restitution au simple (2)

Ces fruits sont ceux que devait percevoir un bon père de famille (3).

Quant aux fruits qui auraient dû être perçus après la *litis contestatio,* le possesseur de mauvaise foi devait les rendre au double en vertu de la loi des XII Tables (4); cette punition de la résistance opposée de mauvaise foi à l'action fut maintenue jusqu'au temps de Justinien (5).

56. Comment doit-on apprécier la diligence avec laquelle on devait recueillir ces fruits? Ici se présentent des opinions très diverses; le possesseur devra-t-il restituer les fruits qu'il aurait perçus

(1) Paul, Sent. I, XIII *b.*, § 8. L. 1, Cod. Theod. *de fruct. et lit. exp.*

(2) L. 2, Cod. *de fruct. et lit. exp.*

(3) Paul, Sent. I, XIII *b.*, § 9.

(4) Tab. XII.

(5) Paul, Sent. V, IX, § 2. Cod. Theod., Lib. IV, tit. 18.

s'il avait employé sa diligence habituelle, ou tous ceux qu'aurait perçus le demandeur?

En faveur de la première opinion, on cite les textes suivants: L. 1 § 1, Cod. *de pet. her.*; L. 5, Cod. *de rei vindic*; L. 25, § 4, D. *de her. pet.*; L. 2 Cod. *de fruct. et litium exp.*; L. 3 Cod. *de pigner. act.* La seconde opinion s'appuie sur la L. 62, D. *de rei vindic.*; L. 39, § 1, *de legatis*, 1°; L. 4, Cod. *unde vi.*

MM. Ducaurroy (1) et Estienne (2) croient que dans la revendication il faut considérer la diligence du demandeur, et celle du possesseur dans la pétition d'hérédité; ils se fondent sur la L. 62, § 1, D. *de rei vind.*, comparée à la L. 25, § 4, D. *de her. pet.*, et surtout sur le mot *pene* du § 2, Inst. Just. *de off. judicis*. Mais la loi 2, Cod. *de fructibus* n'admet pas cette distinction, d'ailleurs peu justifiable. Le mot *pene* de Justinien peut s'expliquer en le supposant tiré d'un jurisconsulte de peu postérieur au SC. Juventien; ce n'est en effet qu'après un certain temps que la règle de ce SC., qui comprend le *dolus prœteritus* dans la pétition d'hérédité, a été appliquée à la revendication.

M. de Savigny regarde ces distinctions comme imaginaires. Selon lui, il faut exiger dans tous les cas la diligence d'un bon père de famille en général; en effet, on parle tantôt de la diligence du de-

(1) § 1377, note *a*.
(2) II, p. 540.

mandeur, tantôt de celle du défendeur, mais sans les opposer l'une à l'autre comme différentes, si ce n'est dans la loi 62, § 1, D. *de rei vindic.* Encore peut-on résoudre la contradiction, en remplaçant dans ce texte *fruiturus sit*, leçon de la Florentine, par *fruitus sit*, comme dit la Vulgate.

Des auteurs allemands, Glück et Vangerow, exigent du possesseur de mauvaise foi la diligence qu'aurait apportée le demandeur; quant au possesseur de bonne foi, il n'y a pas faute à ne pas avoir restitué : le punir de ne pas l'avoir fait serait le forcer à abandonner un droit qu'il croit lui appartenir : il ne devra donc que les fruits que lui-même aurait perçus.

Enfin, M. Pellat, adoptant une opinion mixte entre ces deux dernières, exige de tout possesseur la diligence d'un bon père de famille en général, mais avec une aggravation pour le possesseur de mauvaise foi qui est en faute de ne pas restituer, et qui devra dès lors les fruits que le demandeur eût perçus, lorsque celui-ci, par sa position particulière eût pu en percevoir plus que le défendeur même le plus diligent. Cette opinion a l'avantage d'expliquer tous les textes, et même la loi 62, § 1, D. *de rei vind.*, sans qu'il soit besoin de la corriger.

57. *Intérêts* Le possesseur, de bonne ou de mauvaise foi, doit, nous l'avons vu, les intérêts *perçus* des créances héréditaires : le possesseur de

mauvaise foi doit, même s'il ne les a pas perçus, les intérêts du prix de vente des choses héréditaires, de l'argent qu'il a trouvé dans l'hérédité, que lui ont payé les débiteurs, etc. : mais, il faut remarquer que ce n'est que lorsqu'il est tenu personnellement, comme débiteur, comme possesseur d'un droit héréditaire, et non lorsqu'il est attaqué comme détenteur, que le défendeur devra les intérêts : en effet, les corps certains ne portent pas intérêt, mais seulement l'argent considéré *in genere*, et comme quantité. Il devra donc l'intérêt de l'argent trouvé dans la succession, parce que, dès qu'il l'a appréhendé, il en est devenu à la fois propriétaire et débiteur, comme nous l'avons vu : si, au contraire, il n'y a pas touché, s'il l'a conservé *in specie* et qu'on puisse le reconnaître, il n'en devra pas les intérêts (1) : il les devra de l'argent qu'il a reçu des débiteurs héréditaires, et du prix des objets vendus, si le demandeur aime mieux demander ce prix que la chose elle-même et les fruits qui auraient dû en être perçus : s'il prend ce dernier parti, le possesseur ne devra pas d'intérêts, même si la chose n'était pas frugifère, et quand même elle aurait péri : il en est ainsi dans tous les cas où le possesseur devra l'estima-

(1) L. 20, § 15, D. *de her. pet* : à moins peut-être qu'il n'y ait faute à ne pas avoir placé cet argent : V. M. de Savigny, *System.*, § 271

tion de la chose, comme ayant, par dol, cessé de la posséder ou omis de l'acquérir ; car, dans ce cas, en vertu du SC. Juventien, il est considéré comme possédant la chose en nature, ce qui exclut la production d'intérêts (1).

Cette règle restreint considérablement la portée du texte (2) qui veut que les fruits perçus avant la *litis contestatio* portent intérêt : ces fruits ne comprendront que l'argent touché à titre de fruits : par exemple, les loyers des maisons, des esclaves, ou le prix de vente des fruits eux-mêmes.

58. Le même texte ajoute que les fruits perçus après la *litis contestatio* ne portent pas intérêt, et semble au premier coup d'œil susceptible d'une double critique. D'abord cette dernière proposition semble contredite par la loi 1, Cod., *in fine, de pet. her.*, mais elle dit seulement que les fruits, et en général, toutes les sommes susceptibles de porter intérêt, touchées avant la *li is contestatio*, continuent après ce moment, et commencent même alors à en produire si c'est la *litis contestatio* seule qui a rendu ce possesseur de mauvaise foi (3) : mais il n'en résulte pas que les fruits perçus après la *litis contestatio* portent intérêt : en effet les fruits

(1) L. 3, § ult. D. *de usuris*
(2) L. 51, § 1, D. *de her. pet.*
(3) L. 35, D. *de usuris*.

en général ne portent pas intérêt : *fructus fructuum, usuræ usurarum non debentur* (1).

La seconde critique oppose ce dernier principe à la loi 51, § 1, D. *de her. pet.*, quand elle fait produire intérêt aux fruits perçus *ante litem contestatam*. Le principe est véritable, et notre texte l'applique aux fruits postérieurs à la *litis contestatio*, dus uniquement comme fruits, en vertu du pouvoir qu'a le juge de comprendre la restitution des accessoires, de la *causa*, dans celle de l'objet principal : quant aux fruits antérieurs, ils sont considérés non comme fruits, mais comme objets principaux, en vertu du principe *fructus augent hereditatem* ; rien ne s'oppose donc à ce qu'ils portent intérêt comme tous objets héréditaires, si d'ailleurs ils en sont susceptibles par leur nature.

Art. II. — *Du possesseur de bonne foi.*

80. Le possesseur de bonne foi est, nous l'avons vu, celui qui se croit héritier, et résiste en conséquence de cette opinion à la prétention du demandeur ; il doit restituer tous les objets, tous les droits, et en général tous les gains héréditaires qui se trouvent entre ses mains. Quant à ce qu'il ne possède pas lors de la sentence, il faut distinguer et consi-

(1) L. 16, D. *de usuris.*

dérer séparément ce qu'il a perdu ou manqué d'acquérir après ou avant la *litis contestatio*.

60. La *litis contestatio* opère, en effet, un grand changement dans la situation du possesseur de bonne foi : il est possible qu'il continue à se croire héritier, et qu'il conserve sa bonne foi, c'est-à-dire sa confiance dans son bon droit ; mais il est averti qu'un autre réclame l'hérédité, et que lui-même peut avoir à restituer : il est de mauvaise foi, en ce sens qu'il ne doit plus agir comme un propriétaire, mais comme un administrateur, obligé éventuellement à se dessaisir et à rendre compte. La plus grande partie des effets de la possession de mauvaise foi lui sera donc applicable ; il devra conserver et entretenir, et sera responsable, s'il perd la possession par dol ou faute, s'il omet d'acquérir ou laisse dépérir des objets ou droits héréditaires ; il s'abstiendra de consommer les fruits, et les tiendra en réserve pour les rendre, s'il y a lieu ; il devra les intérêts des choses qui sont susceptibles d'en produire.

Pour toutes ces obligations, il sera assimilé au possesseur de mauvaise foi, et cela, à partir de la *litis contestatio*, ou plutôt du moment où il aura appris par un moyen quelconque qu'il a un compétiteur, et qu'une contestation est née qui peut être jugée contre lui, et le forcer à restituer.

Cependant, si l'objet héréditaire périt par cas

fortuit entre ses mains, sera-t-il responsable? La décision affirmative serait bien rigoureuse : il n'y a pas de dol, quand on se croit propriétaire, à attendre la décision du juge, et il ne faut pas que la crainte d'avoir à rembourser *de suo,* force le possesseur de bonne foi à délaisser un droit qui, peut-être, sera reconnu valable. On décide donc que le possesseur de bonne foi, même après la *litis contestatio*, n'est pas tenu des cas fortuits (1); mais il devra les intérêts des sommes perçues avant la *litis contestatio* à partir de ce dernier moment, quoiqu'on puisse dire que cela peut le forcer, par la crainte d'avoir à les payer sur son propre bien, à céder, peut-être à tort, sur le litige engagé.

Nous avons vu encore une différence quant aux fruits non perçus. Le possesseur de bonne foi ne doit, quant à eux, que la diligence d'un bon père de famille, quand même la position spéciale du demandeur l'eût mis à même d'en recueillir davantage; de plus, le possesseur de bonne foi ne doit ces fruits qu'au simple, tandis que le possesseur de mauvaise foi en est tenu au double.

61. Quant à ce que le possesseur de bonne foi de l'hérédité a cessé de détenir avant la *litis contestatio*, il n'en est pas tenu, ou, plus généralement, il ne

(1) L. 40, D. *de her. pet.*

doit restituer que le gain qu'il a retiré de l'hérédité, *quatenus locupletior factus est.*

Ces gains comprennent les choses héréditaires elles-mêmes que possède le défendeur, et ce qu'il possède à l'occasion de ces choses : ainsi, le prix de vente, la clause pénale, la satisfaction obtenue *ex lege Aquilia*, les fruits et intérêts perçus, les créances acquises *ex re hereditaria*, les profits tirés même indirectement de l'hérédité : par exemple, la chose achetée avec l'argent héréditaire, le don reçu en échange de la donation d'une chose héréditaire ; il devra restituer même ce qui lui appartient en propre, si c'est seulement au prix de la chose héréditaire qu'il en a obtenu la conservation : par exemple si, se croyant héritier, il a pris sa nourriture et son entretien sur l'hérédité, et non plus sur ses propres ressources ; il s'est alors enrichi, et doit par conséquent *quatenus propriæ pecuniæ pepercit.*

Réciproquement, le possesseur de l'hérédité ne doit que le gain qu'il en a retiré : si donc il n'en a retiré aucun, il ne doit rien, quand même ce serait par négligence ou faute qu'il eût manqué d'acquérir ou cessé de posséder.

Il ne doit donc pas les fruits non perçus, ni les intérêts qu'il n'a pas touchés ; s'il a placé l'argent héréditaire, il ne restituera que l'action qu'il a acquise, même si les emprunteurs sont insolvables; il n'est pas responsable, s'il a dilapidé ou perdu cet argent, ou celui qu'il a touché des débiteurs héréditaires : l'opinion qu'il avait de son droit de propriété le rend inattaquable; il n'y a pas faute, car dans la propriété est compris l'*abusus* : il n'y a donc pas lieu à dommages-intérêts.

De même encore, si le possesseur a employé tout le prix d'une chose héréditaire à acheter un objet de moindre valeur, il ne devra que celui-ci ou sa valeur, qui constitue tout le gain qu'il a tiré de sa qualité putative d'héritier.

Nous avons vu que le possesseur ne doit pas conserver l'épargne qu'il a faite sur ses propres biens en se servant des objets héréditaires; il faudra tenir compte, dans cette restitution, de ce que la croyance erronée où il était sur sa qualité a pu lui faire dépenser de plus; si, habitué à dépenser 200, il a augmenté ses dépenses, se croyant plus riche, et a consommé 400 sur l'hérédité, il devra restituer *de suo* non 400, mais les 200 qu'il aurait dépensés s'il ne s'était pas cru héritier; si pourtant cette opinion erronée lui a fait dépenser davantage sur son propre patrimoine, et non plus sur la succession, ce dommage, plus délicat à apprécier, causé par la possession de l'hérédité, ne sera pas pris en considération, et n'entrera pas en compensation avec les bénéfices que, d'ailleurs, cette possession aura pu lui procurer (1).

62. A quelle époque devra-t-on apprécier si le possesseur de bonne foi est devenu plus riche, pour le forcer à restituer? devra-t-il rendre le bénéfice que l'hérédité lui a procuré à quelque époque que ce soit, ou seulement celui qu'il a conservé lors de la *litis contestatio* ou même de la sentence?

C'est cette dernière opinion que semble adopter Paul (2); et en effet, le possesseur devra restituer ce qu'il aura commencé à posséder même après la *litis contestatio*, et sera libéré, s'il était de bonne foi, par les cas fortuits, même postérieurs : mais elle est fausse en tant que règle générale, car le possesseur doit ce qu'il aura manqué d'acquérir ou cessé de posséder par faute ou dol, à partir de la *denuntiatio*. C'est donc à ce moment, et non à celui de la sentence, qu'il faudra s'attacher pour apprécier le bénéfice retiré par le défendeur, et peu importera qu'auparavant ce bénéfice ait existé, s'il a disparu, même par le fait du possesseur (3). Cependant Paul, dans un texte (4) tiré du livre de son ouvrage qui traitait de la pétition d'hérédité, rappelle une opinion contraire qu'il avait émise sur

(1) L. 25, § 12, D. *de her. pet.*
(2) L. 36, § 1, D. *de her. pet.*
(3) Ulp. L. 25, § 1, D. *de her. pet.*
(4) L. 127, D. *de reg. juris.*

une question analogue; en effet, l'action *quod metus causa* et l'action de dol sont données contre l'héritier du délinquant, *quatenus locupletior factus est*. D'après Paul (1), il suffit que ce bénéfice ait existé un seul instant, quand même depuis il aurait disparu; Julien (2) n'adopte cette opinion que si ce bénéfice a consisté ou a été converti en choses fongibles ou en argent que l'héritier doit alors *in genere*; or *genera non pereunt*; enfin Ulpien (3) libère l'héritier, dès que le bénéfice, quel qu'il ait été, n'existe plus de manière ou d'autre.

Cette controverse semble comprendre aussi, d'après la L. 127 D. *de reg. juris*, la pétition d'hérédité; cependant ce texte ne lui applique pas directement la règle de Paul sur l'action *quod metus causa*; c'est peut-être pour en excepter notre espèce qu'il la rappelle ainsi : si, d'ailleurs, le même Paul (4) veut qu'on considère l'enrichissement lors de la sentence, c'est bien qu'il exige qu'il ait duré au moins jusqu'à la *litis contestatio*.

Ainsi, c'est par le bénéfice qu'à cette dernière époque le possesseur de bonne foi conserve de l'hérédité qu'il faut déterminer ce qu'il doit rendre, sauf à y ajouter ce qu'il a acquis ou manqué d'ac-

(1) L. 17, D. *quod metus causa*.
(2) L. 18, *eodem*.
(3) L. 19, *eodem*.
(4) L. 36, § 4, D. *de her. pet.*

quérir plus tard, et à en déduire ce qui a péri par cas fortuit.

§ III. *Indemnités dues au possesseur.*

63. L'*arbitrium judicis* sert à faire restituer au demandeur tout ce que l'équité exige qu'il recouvre, mais l'équité serait blessée, si le défendeur ne pouvait faire compenser avec les restitutions qu'il doit opérer, ou se faire restituer à son tour certaines dépenses qui ne doivent pas rester à sa charge ; dans la pétition d'hérédité, il n'est pas besoin, pour cette compensation, qu'il réclame l'insertion dans la formule de l'exception de dol, cette action étant en ce sens, nous l'avons vu, une action de bonne foi.

Il est juste que le défendeur soit exonéré de toutes les charges qui lui viennent de l'hérédité, ou au moins qu'il soit indemnisé de toutes les impenses ou obligations qui peuvent lui être onéreuses en même temps qu'elles profitent à l'héritier véritable, qui en aurait été chargé à sa place ; le défendeur pourra donc se faire garantir contre l'exécution des obligations par lui contractées pour l'hérédité, et se faire indemniser des dépenses qu'il a faites pour cette hérédité.

64. Le défendeur a contracté des obligations pour l'hérédité lorsque, par exemple, il a vendu la

chose héréditaire et que l'héritier réclame le prix de vente ; celui-ci doit alors lui donner caution de l'exonérer de toutes les obligations d'un vendeur, et spécialement de celle de garantir en cas d'éviction ; de même si le défendeur a été obligé de donner la caution *damni infecti* pour la maison héréditaire qui menaçait ruine; ou encore s'il a fallu emprunter pour réparer cette maison, pour cultiver les terres, pour payer une dette échue et dont le gage était sur le point d'être vendu; mais il faut que l'obligation contractée ait eu pour but l'hérédité ; si elle avait eu seulement pour motif la croyance erronée du défendeur à son droit héréditaire, il ne pourrait pour cela réclamer garantie ; par exemple, s'il avait fait un emprunt qu'il croyait pouvoir payer avec l'hérédité.

Le demandeur triomphant devra encore donner caution au défendeur, si celui-ci défend au même moment à un second procès sur la même hérédité, de venir le garantir, et de soutenir le procès à sa place; ce n'est pas que le défendeur fût en danger, faute de cette caution, car ayant cessé de posséder sans faute ni dol, il devrait être absous; mais le second demandeur serait obligé, après avoir prouvé inutilement son droit contre lui, d'attaquer de nouveau le premier demandeur, maintenant en possession; l'intervention de celui-ci évitera ce troisième procès.

65. Le demandeur devra restituer au défendeur ou déduire de la restitution à lui faite, les impenses faites par le possesseur pour l'hérédité ; ce qui comprend les impenses proprement dites et les sommes payées pour éteindre les dettes de l'hérédité.

Les impenses peuvent être nécessaires, si, faute de les faire, les objets héréditaires eussent péri ou eussent été détériorés ; les dépenses utiles sont celles qui, sans être motivées par une nécessité aussi pressante, ont cependant eu pour but de donner une plus grande valeur aux objets héréditaires. Enfin sont dites voluptuaires les impenses faites seulement pour l'agrément du possesseur.

Le possesseur de bonne foi peut déduire des restitutions qu'il a à faire toutes ses dépenses, même voluptuaires ; il ne doit, en effet, restituer que le profit qu'il retire de l'hérédité ; or, ce profit est diminué par les dépenses dont elle a été l'occasion.

Il en est ainsi au cas où le possesseur de bonne foi, pour satisfaire à l'ordre testamentaire du *de cujus*, lui a élevé un tombeau ; quoique cet ordre tombe avec le testament, le prince ou le pontife aurait néanmoins forcé l'héritier *ab intestat* à l'exécuter : de même, *a fortiori*, les dépenses que l'héritier apparent a faites pour l'héritier véritable, seront imputées sur les restitutions qu'il devra opérer (1).

(1) L. 58, D. *de her. pet.*

Quant au possesseur de mauvaise foi, il pourra réclamer les dépenses nécessaires qu'il a évité à l'héritier de débourser: pour les dépenses utiles, on peut dire (1) qu'il a renoncé à les réclamer en les faisant à propos d'une chose qu'il savait ne pas lui appartenir: *donasse videtur*; cependant une donation ne se présume guère; aussi, dans la pétition d'hérédité, décide-t-on que le juge devra forcer le demandeur à tenir compte de ces dépenses (2); il serait inique de l'enrichir aux dépens du possesseur même de mauvaise foi, et Cujas pense que les textes qui admettent ce résultat (3) doivent être restreints au cas où le demandeur serait dans l'impossibilité de payer les dépenses dont il s'agit; dans tous les cas, le possesseur de mauvaise foi pourra enlever le produit de ses impenses, si c'est possible, sans détériorer l'objet héréditaire. Cependant le demandeur pourra, en lui offrant la valeur de ce qu'il retirera de la séparation, empêcher cette dernière: *malitiis non est indulgendum*. Du reste, en admettant même que le possesseur de mauvaise foi puisse se faire restituer les impenses utiles, ce ne serait que jusqu'à concurrence de la plus-value qu'elles ajoutent actuellement aux objets

(1) Inst. Lib. II, tit. 1, § 30. L. 33, § 5, L. 38, D. *de her. pet.*

(2) L. 2, Cod. *de rei vindic.*

(3) L. 37, D. *de rei vindic.* L. 7, § 12, D. *de adq. rer. dom.* L. 5, Cod. *de rei vindic.*

héréditaires; dès lors, si l'objet a péri depuis, il ne peut rien réclamer; dans cette catégorie d'impenses sont rangées celles qui ont pour but la culture et la perception des fruits; si donc il n'y a pas eu de récolte, le possesseur de mauvaise foi ne pourra s'en faire indemniser. Quant aux dépenses voluptuaires, elles resteront à sa charge, à moins qu'elles n'aient augmenté la valeur des objets héréditaires, auquel cas elles seraient regardées comme utiles jusqu'à concurrence de cette plus-value.

66. Les sommes payées aux créanciers seront-elles déduites des restitutions à opérer? Non, peut-on dire : ce ne sont pas des dépenses utiles à l'hérédité, car elles n'ont pas libéré l'héritier; en effet, le possesseur, surtout s'il est de bonne foi, aura payé, non comme héritier, au compte de l'hérédité, mais en son nom personnel; or, quand on paie en son nom et non pas au nom du débiteur, on ne libère pas celui-ci; cette déduction se fera pourtant, mais sous certaines conditions; le possesseur de bonne foi a payé par erreur, il a donc la *condictio indebiti;* il la cède à l'héritier véritable, qui pouvant réclamer du créancier la même somme que celui-ci peut aussi lui demander, sera protégé par l'exception de dol; le possesseur de mauvaise foi n'aura pas la *condictio indebiti*, mais il pourra se faire tenir compte de ce qu'il aura payé, en donnant

caution de venir défendre l'héritier contre toute attaque nouvelle du créancier (1).

Du reste, le possesseur, même de bonne foi, ne pourra se faire tenir compte du paiement qu'il aurait fait par erreur d'une dette non existante, quoiqu'il se trouve ainsi en perte à propos de l'hérédité; il n'aurait pas dû commettre une telle erreur.

Le possesseur de bonne foi pourra retenir ce qui lui sera dû par l'hérédité, si la confusion est reconnue n'avoir été qu'apparente ; il n'en sera pas de même du possesseur de mauvaise foi ; et cela aura une grande importance, si la créance était purement naturelle et dénuée d'action ; le demandeur pourra cependant forcer le possesseur de mauvaise foi à retenir le montant de la dette, et à la considérer comme éteinte, si lui-même y trouve avantage ; si, par exemple, elle était productive d'intérêts, ou si le gage qui la garantissait devait appartenir au créancier faute de paiement.

CHAP. IV. — Troisième partie de la *condemnatio*.

Condamnation proprement dite.

67. Nous avons examiné en détail les diverses questions qui s'élèvent sur l'*intentio* de la formule, et sur les deux premières parties de la *condemnatio*, qui comprennent la détermination de ce que possède le défendeur et l'*arbitrium judicis*. Nous

(1) L. 31, D. *de her. pet.*

avons vu que le juge pouvait faire exécuter son ordre de restitution *manu militari* ; mais cette exécution n'est pas toujours possible ; l'obstacle de fait qui s'y oppose est peut-être insurmontable ; peut-être y a-t-il aussi un obstacle de droit contre lequel la force publique est impuissante, si, par exemple, le défendeur est devenu propriétaire par usucapion (1). La propriété, à la différence de la possession, ne peut être transférée par le juge des actions réelles, qui n'a pas le pouvoir d'adjudication ; si la restitution est empêchée ainsi, que l'obstacle vienne ou non du dol ou de la mauvaise volonté du défendeur, le demandeur ne pourra obtenir les objets qu'il revendique, en nature ; mais la seconde condition apposée dans la formule des actions arbitraires, *nisi restituat*, étant accomplie, l'ordre conditionnel s'appliquera dans sa dernière partie, la *condemnatio* proprement dite : *judex condemnato.*

68. Le juge ne peut, à l'époque des jurisconsultes, condamner qu'à une somme d'argent ; ce n'est que dans le Bas-Empire qu'il peut condamner à restituer les objets eux-mêmes ; alors le *jussus* se confond avec la *condemnatio*, ou plutôt il n'y a plus

(1) Cela peut arriver même après le SC. Juventien, au cas où l'action utile est intentée contre l'acheteur de l'hérédité : peut-être même l'*usucapio pro herede* continue-t-elle à subsister pour empêcher la restitution *manu militari*, quoiqu'elle n'empêche plus la condamnation.

de formules, et c'est le magistrat qui décide sans renvoyer à un *judex*.

La condamnation s'évaluait dans les actions arbitraires comme l'*arbitrium* lui-même, c'est-à-dire d'après les restitutions qu'il avait prescrites. Cependant si cette valeur était difficile à déterminer exactement et que l'inexécution du *jussus* vînt du dol du défendeur (1), le juge, pour le punir, devait permettre au demandeur d'évaluer lui-même les restitutions auxquelles il avait droit, dans un serment dit *jusjurandum in litem* (*æstimandam*) ou *litis, in litem æstimatio*; mais il aurait été inique de s'en rapporter uniquement à la conscience peut-être fort élastique du demandeur. Aussi, on admet que le juge pouvait fixer, d'après les probabilités, un *maximum* que l'évaluation du demandeur ne pouvait dépasser; on alla plus loin encore, et l'on permit au juge de s'écarter des évaluations qu'il attestait, si leur exagération résultait de preuves postérieures. Ces relâchements successifs de la rigueur du droit, ces pas continuels vers l'équité, finirent par beaucoup diminuer l'importance du *jusjurandum in litem*, sauf pour les cas où le juge n'avait aucun moyen de reconnaître et d'évaluer les restitutions dues par le défendeur (2).

(1) L. 2, § 1, D. *de in litem jurando*.

(2) L. 4, § 2 et § 3, L. 5, §§ 1 et 2. D. *de in litem jurando* V. *contrà*, L. 68, D. *de rei vindic.*

SECTION III. — De l'effet des actes du possesseur de l'hérédité à l'égard des tiers.

69. Des actes que le possesseur de l'hérédité aura faits pendant le litige, ou même antérieurement à toute contestation, les uns seront valables à tout événement ; les autres subsisteront ou tomberont, selon que la décision du juge prouvera qu'il avait ou non le droit de les faire en qualité d'héritier.

70. Et d'abord les dépenses de culture et d'entretien, ainsi que tous les actes qui ont pour but de recueillir les fruits de l'hérédité, constituant un devoir pour le défendeur, qui est responsable s'il ne s'en est pas acquitté, doivent être reconnues et validées si elles ont été faites.

71. On peut en dire autant en général de la vente des objets susceptibles de dépérir ou qui exigent, pour leur conservation, des dépenses exagérées, ou bien des aliénations nécessaires pour solder le passif de la succession ou acquitter les dépenses courantes ; mais ce sera à ses risques et périls que l'acquéreur traitera avec le possesseur, et s'il veut, dans la prévoyance du compte que devra celui-ci, protéger d'avance son acquisition contre toutes attaques, il peut exiger que le préteur donne à la vente son autorisation, qu'il ne

peut refuser si le possesseur donne caution de restituer, en cas d'éviction, l'hérédité tout entière, ou bien que le magistrat donnera en connaissance de cause, si, le procès étant entamé déjà, la caution *judicatum solvi* a été donnée.

Pour les autres sortes de vente, quand même le vendeur succomberait, l'acheteur ne pourra être inquiétési le véritable propriétaire, l'héritier, a ratifié la vente, et cette ratification résulterait par exemple de ce que le demandeur aurait réclamé du possesseur, non pas la chose comme aliénée par dol, mais le prix et ses intérêts ; ce serait profiter de la vente, et s'interdire de l'attaquer ultérieurement.

Hors ce cas, c'est une question controversée de savoir si la vente faite par l'héritier apparent est valable : la négative résulte des L. 5 et 13, § 4, D. *de her. pet.* : mais la L. 25, § 17, *eodem*, semble interdire la revendication à l'héritier véritable, si l'acheteur a un recours en garantie contre son vendeur, dans le cas au moins où celui-ci serait un possesseur de bonne foi et où il aurait dissipé le prix. En effet, dans ce cas, peut-on dire, l'héritier apparent n'est tenu envers l'héritier véritable que *quatenus locupletior factus est ;* si, par suite de l'éviction, il restitue à son acheteur la valeur de l'objet revendiqué, il se trouve indirectement payer au revendiquant, par l'intermédiaire de son acheteur, une somme plus forte que celle dont il s'est enrichi : pour éviter ce résultat, Doneau, Pothier et M. Troplong décident que la revendication sera repoussée par l'acheteur au moyen d'une exception *ex persona venditoris*. Merlin admet la même solution au cas de vente d'objets particuliers, mais pour ne pas choquer la L. 13, § 4, il permet la pétition d'hérédité au cas de vente de l'hérédité à titre universel : ce n'est pas très-logique ; d'ailleurs la L. 13, § 4, en accordant la pétition d'hérédité utile contre l'acquéreur de l'universalité, *ne singulis judiciis vexaretur*, suppose bien que la revendication d'objets particuliers est possible. MM. Toullier, Duranton, Pellat font remarquer, au contraire, que l'exception dont parle la L. 25, § 17, n'est pas une exception perpétuelle ; c'est une exception temporaire, préjudicielle ; on n'a pas voulu que d'autres que les centumvirs eussent à statuer, même accessoirement, sur une question que ceux ci pourraient un jour avoir à résoudre, et l'on a suspendu, dans tous les cas où l'on pouvait espérer que la pétition d'hérédité serait intentée, la revendication par l'exception *ne præjudicium fiat hereditati*, ordre de ne pas préjuger la question d hérédité, d'où dépend la question de propriété de l'objet revendiqué ; si, au contraire, le vendeur de bonne foi a dissipé le prix, la pétition d'hérédité ne pourra être intentée contre lui, puisqu'il ne se sera pas enrichi *ex here-*

ditate ; donc, il n'y a pas à craindre de préjuger l'opinion des centumvirs, qui ne pourra être donnée faute d'occasion ; l'exception *nisi præjudicium fiat* n'aura pas lieu : hors ce cas, c'est-à-dire si le possesseur était de mauvaise foi ou a conservé le prix, la pétition d'hérédité étant possible, l'exception préjudicielle le sera aussi, mais seulement tant que les centumvirs n'auront pas prononcé ; après qu'ils auront jugé en faveur du demandeur, celui-ci pourra revendiquer contre les acheteurs, et si, par suite de l'éviction de ceux-ci, l'héritier apparent, même de bonne foi, se trouve obligé à payer plus que l'avantage qu'il a retiré de l'hérédité, peu importe ; c'est en vertu de l'éviction, et non au moyen de la pétition d'hérédité.

Mais ne peut-on rien objecter à cette manière de procéder? il est un principe dont nous avons déjà vu une application, venant faire exception, pour le cas de vente, à la règle que le paiement de la *litis æstimatio*, par celui qui a cessé de posséder par dol, ne libère pas celui qui possède actuellement (1); ce principe, c'est que l'acheteur peut user des exceptions qui compètent à son vendeur (2) ; il faudrait donc dire que, avant que la pétition d'hérédité soit intentée, l'acheteur, hors le cas où elle n'est pas possible, peut opposer l'excep-

(1) L. 10, D. *de reb. eor. qui sub. tut.*
(2) L. 28, Cod. *de evictionibus.*

tion *ne præjudicium fiat*, que son vendeur soit de bonne ou de mauvaise foi ; dans les deux cas, en effet, la question d'hérédité est également soulevée : après le jugement des centumvirs et le paiement de la condamnation par le vendeur, l'acheteur pourrait, du chef de celui-ci, opposer l'exception de dol à l'héritier qui l'attaquerait. Les L. 5 et 13, § 6, D. *de her. pet.* ne s'appliqueraient alors que si la pétition d'hérédité n'était pas possible, ou si les acheteurs avaient contracté sans garantie, ou encore si, par suite de l'insolvabilité du possesseur de l'hérédité, le demandeur n'avait pas été satisfait ; ils ne pourraient alors opposer l'exception de dol que leur vendeur n'aurait pas (1).

72. Est-ce le défendeur ou le demandeur à la pétition d'hérédité qui peut intenter les actions réelles ou personnelles contre les débiteurs ou détenteurs d'objets héréditaires ? il semble que cette question dépende de celle-ci : lequel des deux est propriétaire ou créancier ? ou plutôt lequel des deux est héritier ? leur action sera-t-elle donc paralysée par l'exception *nisi præjudicium fiat hereditati?* Oui, du moins pour les actions personnelles. Cependant si le demandeur à cette action offre de s'en remettre à la décision des centumvirs, s'il donne caution de restituer ce qu'il aura reçu au cas où

(1) Nous avouons pourtant que cela n'explique qu'imparfaitement le mot *modico* de la L. 13, § 4, D. *de her pet.*

l'hérédité serait attribuée à son compétiteur, il n'y aura pas lieu à l'exception préjudicielle, et les débiteurs devront payer ; il en sera ainsi, surtout s'il y avait péril en la demeure, et que l'action temporaire dût périr, ou que le débiteur dût devenir insolvable dans le délai nécessaire pour juger la pétition d'hérédité.

Quant aux détenteurs, cette caution ne sera pas même nécessaire pour leur sûreté ; car la restitution qu'ils feront en vertu du jugement les libérera définitivement, tandis que les débiteurs ne sont pas libérés en payant à un autre qu'au créancier. Le possesseur pourra donc réclamer les objets héréditaires ; et s'il les obtient, ils seront compris dans la pétition d'hérédité à laquelle il devra répondre : s'il n'intente pas l'action, le demandeur pourra l'exercer, pour ne pas laisser perdre le droit héréditaire (1).

Nous avons dit que les débiteurs qui ont payé à l'héritier apparent ne sont pas libérés ; il en est ainsi en droit strict ; la dette ne sera éteinte qu'après que le possesseur aura restitué ce qu'il a reçu : mais ils auront une exception de dol contre l'héritier véritable qui voudrait les forcer à payer une seconde fois, du moins s'il n'y a dol ni faute de leur part : l'erreur qui a été cause du paiement ne

(1) L. 49, D. *de her. pet.*

doit pas leur nuire, mais plutôt à l'héritier véritable qui aurait dû les avertir de sa qualité.

73. Si au contraire ce sont les créanciers de l'hérédité qui demandent leur paiement, auquel des deux contendants s'adresseront-ils? Il semble qu'ils peuvent s'adresser à tous deux, et que chacun, se prétendant héritier, doive par conséquent se reconnaître débiteur : seulement celui qui paiera pourra exiger du créancier une caution de lui restituer, si le juge prononce en faveur de son adversaire : il aurait d'ailleurs, s'il avait payé en son nom et de bonne foi, la *condictio indebiti*. Il paraît néanmoins qu'on avait voulu opposer aux créanciers, dans ce cas, l'exception *ne præjudicium fiat hereditati*, qui avait survécu au tribunal des centumvirs, à propos duquel elle avait été créée; Justinien ordonna au contraire que l'action des créanciers ne fût pas différée (1).

Du reste ce paiement ne libère l'héritier, nous l'avons vu, qu'indirectement au moyen d'une exception. Si celui qui l'a fait est reconnu n'être pas héritier, il recouvrera ce qu'il aura payé, s'il était défendeur à la pétition d'hérédité, au moyen de *l'officium judicis*, s'il était demandeur, par l'action *negotiorum gestorum* utile, ou une *condictio ex lege*.

(1) L. 12, § 1, Cod. *de pet. her.*

74. Justinien établit la même règle quant aux legs : avec cette différence, que le légataire ne peut réclamer qu'auprès de celui qui soutenait la validité du testament, et qu'il ne doit pas, comme le créancier, garder ce qu'il a reçu, à tout événement ; il doit donner caution de le rendre, si le testament est déclaré non valable, ainsi que les fruits, loyers et revenus intérimaires, et pour les sommes d'argent, un intérêt de 3 p. 100.

75. Justinien statue aussi sur les affranchissements testamentaires. Avant lui la *liberalis causa*, l'action d'état, soit de l'esclave qui se prétendait libre, soit de l'héritier *ab intestat* qui s'en prétendait propriétaire, était supendue par l'exception *ne præjudicium fiat hereditati*, comme dépendant de la validité du testament. Cependant, comme l'action d'inofficiosité durait cinq ans, et la pétition d'hérédité indéfiniment, on ne voulut pas rester ainsi dans l'incertitude, et, d'après un rescrit d'Antonin le Pieux, le juge de la *liberalis causa* dut fixer un délai dans lequel on attaquerait le testament, et, à son expiration, statuer sur l'affranchissement définitivement et irrévocablement. Il dut en être ainsi surtout quand c'était la personne elle-même qui opposait l'exception préjudicielle, qui se trouvait en position d'intenter la pétition d'hérédité (1). Justinien voulut encore modifier cet état

(1) L. 7, § 1, D. *de her. pet.*

de choses ; il décida qu'on attendrait une année, et que, faute de jugement dans ce laps de temps sur la validité du testament, l'affranchissement serait reconnu ou exécuté, sans qu'il pût être ultérieurement rétracté, quel que fût le sort du testament.

TITRE II.

DE LA PÉTITION D'HÉRÉDITÉ PARTIELLE.

76. Tout ce que nous avons dit dans le titre précédent s'applique aussi bien quand le demandeur se prétend héritier pour partie, que lorsqu'il se dit seul héritier. Cependant il y a quelques différences dans les diverses parties de la formule, qui ont fait dire à Ulpien (1) que le préteur avait donné pour ce cas une action spéciale. Nous allons examiner ces différences, selon l'ordre dans lequel elles se présenteront en étudiant la formule de cette action. Remarquons seulement que sous le nom de pétition d'hérédité partielle. Julien cite (2) un cas de pétition d'hérédité totale : le demandeur se dit héritier pour le tout, et le défendeur prétend l'être seulement pour partie, et reconnaît pour le reste le droit du demandeur. Les effets de la péti-

(1) L. 1, D. *si pars her. pet.*
(2) L. 8. D. *si pars her. pet.*

tion d'hérédité totale se représenteront, quoique le débat ne porte que sur une partie ; ainsi c'est la totalité, et non une part dans chaque objet héréditaire que demande le réclamant, et en cas de succès les restitutions se feront pour la totalité. Passons maintenant à la pétition d'hérédité partielle proprement dite.

CHAPITRE Ier. — De l'*intentio*.

La pétition d'hérédité partielle est celle où l'on se prétend héritier pour partie : l'*intentio* de la formule est donc ainsi conçue : *si paret Aulum Agerium ex parte dimidia*, etc... *Titii heredem esse;* il faut donc indiquer pour quelle part on prétend être héritier ; cependant on peut ignorer quelle est cette part : il faut bien prendre garde alors d'en demander une trop forte, car l'*intentio* n'étant pas vérifiée, le juge devrait absoudre le défendeur, et le procès serait perdu par *plus-pétition*, sans qu'ultérieurement on pût le recommencer. Il vaudra mieux, dans ce cas, demander une part trop faible, sauf à réclamer le reste plus tard par une nouvelle action. Cependant le préteur a permis, pour éviter ce double procès, de demander une part incertaine dans le cas où cette incertitude est véritablement motivée. Par exemple, si le *de cujus* a laissé un héritier vivant et une femme enceinte, dont le posthume concourra par tête avec l'héritier vivant, on ne sait pas quelle peut être la part de celui-ci; cela dépend du nombre de posthumes qui naîtront. Les auteurs, considérant qu'une femme ne peut guère avoir plus de trois jumeaux, conseillent dans ce cas de se porter héritier seulement pour un quart, sauf à faire, après l'accouchement, un calcul définitif.

CHAP. II. — De la *condemnatio*.

78. La pétition d'hérédité partielle a lieu contre celui qui possède des choses ou des droits héréditaires *pro herede* ou *pro possessore*, comme la pétition d'hérédité totale; peu importe que le défendeur possède tout ou partie de l'hérédité; c'est, non une part divise, mais une part indivise que notre action tend à obtenir, sauf à faire opérer le partage par l'action *familiæ erciscundæ*; de ce principe découle la solution des questions suivantes : si Primus et Secundus se prétendent chacun héritier pour moitié, en contestant tout droit héréditaire à leur adversaire, et que chacun d'eux possède une part divise de l'hérédité, quelle action faudra-t-il employer? ce ne sera pas l'action *familiæ erciscundæ,* car le partage n'est refusé que parce que le droit héréditaire de chacun est méconnu par l'autre; il faudra que Primus intente la pétition d'hérédité pour moitié contre Secundus qui

en fera autant contre lui ; de cette manière chacun restituera à l'autre moitié indivise de ce qu'il possède, et, l'indivision commençant, l'action en partage sera possible.

De même, s'il y a deux héritiers et deux possesseurs, chaque héritier devra actionner les deux possesseurs de manière à se faire restituer une part indivise dans chaque objet héréditaire. Ainsi, une sœur qui réclame sa part contre ses quatre frères devra les attaquer tous, chacun pour un cinquième; chacun d'eux devra lui restituer un cinquième indivis du quart qu'il possède, ce qui complétera à la sœur le cinquième indivis de toute la succession auquel elle a droit.

Il en est de même, en principe, au cas où l'hérédité est possédée par Titius, cohéritier du demandeur Primus, et par un étranger Seïus ; Primus devrait attaquer Titius et Seïus, chacun pour moitié, ce qui lui compléterait sa moitié, sauf à Titius, réduit ainsi au quart, à réclamer de Seïus ce que celui-ci resterait posséder ; mais pour éviter ce circuit d'actions, on permettra à Primus d'attaquer Seïus immédiatement pour le tout, et Titius ne sera pas inquiété.

De même si Primus, Titius et Seïus possèdent chacun un tiers de l'hérédité, et que Primus et Titius aient droit chacun à moitié, que Seïus n'ait aucun droit ; régulièrement Primus devrait attaquer

Titius et Seïus chacun pour moitié de leur part, soit un sixième. Réciproquement Titius demandera à Seïus et à Primus moitié de ce que chacun possède, soit un sixième ; mais pour abréger, on donnera à Primus et à Titius ce que possède Seïus, à chacun moitié, en compensant leurs réclamations réciproques : pourtant cette compensation ne pourrait avoir lieu si Primus et Titius possédaient divisément ; il faudrait toujours une restitution partielle respective, pour que la possession en commun pût amener le partage.

Toutes les autres règles sur la possession du défendeur, sur l'*arbitrium judicis* et sur la *condemnatio* proprement dite, sont les mêmes que dans la pétition d'hérédité totale.

TITRE III.

INTERDIT QUORUM BONORUM.

79. Les interdits sont des ordres que donne le préteur de ne pas faire, de restituer ou d'exhiber, ordres dont la violation donne lieu à une action : les interdits, destinés surtout à faire respecter l'ordre public, statuent par conséquent sur la possession, et se divisent, sous ce rapport, en interdits *adipiscendæ*, *retinendæ* et *recuperandæ possessionis*; une quatrième classe comprend, sous le nom d'interdits doubles, *tam adipiscendæ quam recu-*

perandæ possessionis, les interdits *quem fundum et quam hereditatem* dont nous avons parlé plus haut (1).

L'action, née des interdits, se réglait d'après la procédure *per sponsionem*, pour les interdits prohibitoires ; dans les interdits exhibitoires et restitutoires, et c'est de ceux-ci seulement que nous devons parler, on avait le choix entre la *sponsio* et la *formula petitoria;* mais celle-ci devait être requise, et le juge nommé dans l'ordre même que l'on demandait au préteur ; si l'on sortait du tribunal sans réclamer cette fixation de juge, on ne pouvait plus, au cas d'inexécution de l'interdit, agir que *per sponsionem* ; la *sponsio*, de plus, était, dans les interdits, pénale, et non préjudicielle : le perdant devait en payer le montant à son adversaire (2).

80. Parmi les interdits restitutoires et *adipiscendæ possessionis*, se trouve l'interdit appelé *quorum bonorum* de ses premiers mots : il était ainsi conçu : *Quorum bonorum ex edicto meo illa possessio data est, quod de his bonis pro herede aut pro possessore possides possideresve, si nihil usucaptum esset; quod quidem dolo malo fecisti, uti desineres possidere, id illi restituas* (3). Cet interdit devait donc sanctionner l'ordre de succession établi par le préteur. Il avait pour but de faire restituer les objets

(1) Gaïus, IV, 139 *et s.*
(2) Gaïus, IV, 141, 162-165.
(3) Gaïus, IV, 144. L. 1, D. *quorum bonorum*.

héréditaires à celui qui avait obtenu la *bonorum possessio* prétorienne, par celui qui les possédait *pro herede* ou *pro possessore* (1).

Nous avons vu qu'à côté de la pétition d'hérédité directe, donnée à l'héritier du droit civil, une pétition d'hérédité possessoire était donnée au *bonorum possessor* : quelle différence y aura-t-il entre cette action et l'interdit *quorum bonorum?* La pétition d'hérédité possessoire atteint même les *possessores juris,* les débiteurs héréditaires ; l'interdit *quorum bonorum* ne procure la restitution que des objets matériels (2); il a au contraire l'avantage d'une certaine célérité : sont-ce là les seules différences? Telle est l'opinion de M. de Savigny, qui voit seulement dans l'interdit une tentative prétorienne de changer l'ordre de succession civile, et un acheminement à la pétition d'hérédité possessoire : mais il nous semble qu'il y a là une confusion entre la possession, de laquelle doivent s'occuper, mais provisoirement seulement, les interdits; et la propriété, le *dominium,* au moins *in bonis,* sur lequel doit statuer définitivement la pétition d'hérédité possessoire. Selon nous, il faut, pour bien montrer la distinction entre ces deux modes d'agir, remon-

(1) Il est probable que c'est à partir du SC. Juventien que l'interdit *quorum bonorum*, comme la pétition d'hérédité, put avoir effet, malgré l'usucapion *pro herede.*

(2) L. 2, D. *quorum bonorum.*

ter à la distinction des possessions de biens *cum re* et *sine re*.

En effet, supposons une succession *ab intestat* : il existe des agnats du *de cujus* et de simples cognats; les premiers ont droit à la possession de biens *unde legitimi*, les seconds à la possession *unde cognati*; les premiers étant d'un ordre plus favorable, auront droit à une possession effective, *cum re*; les seconds n'auront que la possession *sine re*. Dès lors les premiers auront seuls la pétition d'hérédité possessoire qui statue définitivement, et ils auront aussi l'interdit *quorum bonorum*, s'ils s'y sont pris assez tôt. Si au contraire, les cognats ont demandé les premiers au préteur la *bonorum possessio*, le préteur, ne connaissant qu'eux, a dû la leur accorder; ils auront l'interdit *quorum bonorum*, et pourront demander restitution des objets héréditaires, même aux possesseurs de biens *cum re*, même aux héritiers, ce qu'ils ne pouvaient pas avec la pétition d'hérédité possessoire; mais l'interdit n'aura statué que sur la possession : ils auront donc obtenu par là une seule chose, la saisie provisoire de la succession, ce qui leur permet d'attendre l'attaque de leurs adversaires, désormais chargés de la preuve; les agnats pourront alors agir, non par l'interdit *quorum bonorum* qu'ils ont perdu en ne demandant pas les premiers au préteur la *bonorum-possessio*, mais par la pétition d'hérédité soit directe, comme héritiers du droit civil, soit possessoire comme possesseurs de biens *unde legitimi*. Si dans la même espèce il y avait en outre des enfants émancipés du *de cujus*, les trois actions seraient divisées : l'interdit *quorum bonorum* appartiendrait, contre tous les autres aux cognats qui, les premiers se sont adressés au préteur, mais provisoirement seulement. Les agnats pourraient les attaquer par la pétition d'hérédité directe, comme héritiers *ex jure quiritium*. Enfin les enfants émancipés pourraient intenter contre ceux-ci la pétition d'hérédité possessoire, en vertu de la *bonorum possessio cum re* à laquelle ils ont droit, et qui est préférable même au titre d'héritier du droit civil des agnats (1).

Nous faisons jouer, on le voit, à l'interdit *quorum bonorum* un rôle analogue à celui des interdits *uti possidetis* et *utrubi* en matière de revendication, et nous lui donnons un effet purement provisoire et possessoire, en réservant à qui de droit l'action en revendication de l'hérédité (2).

Une constitution de Constantin ayant substitué à la demande solennelle faite au préteur de la *bono-*

(1) Si au contraire les enfants émancipés avaient intenté la pétition d'hérédité utile avant les agnats, ceux-ci ne pourraient plus les attaquer par l'action directe, un rescrit d'Adrien, ayant donné l'exception de dol contre la pétition d'hérédité dirigée contre les *bonorum possessores cum re*.

(2) Voy. M. Ducaurroy, II, n° 1356.

rum possessio un simple acte d'héritier, nous dirons que l'interdit *quorum bonorum* appartiendra au premier des *bonorum possessores, cum re* ou *sine re*, qui aura appréhendé l'hérédité.

Sous Justinien, la possession de biens *sine re* n'existe plus ; le droit prétorien et le droit civil ne font plus qu'un ; dès lors, l'interdit *quorum bonorum* n'appartient plus qu'au véritable héritier, et n'atteint plus que celui qui possède *pro herede* sans aucun droit à la succession ; il sert seulement à obtenir la possession des choses que le défunt possédait à sa mort, de manière à être défendeur à l'action que pourrait intenter plus tard le propriétaire de ces choses (1).

TITRE IV.

COMMENT SE TERMINENT LES ACTIONS SANCTIONNATRICES DES DROITS DE SUCCESSION.

81. L'action en revendication peut se terminer de deux manières : par l'usucapion, qui transfère la propriété au possesseur ; et par la prescription, qui, au bout d'un certain temps, peut être opposée au revendiquant, sans pourtant que la propriété soit, en droit, transférée au défendeur ; de même,

(1) L. 3, Cod. *quorum bonorum*, L. 1, C. Theod. *quorum bonorum*.

nous nous occuperons de l'usucapion *pro herede*, qui transférait, au moins dans l'origine, le titre et les droits de l'héritier, puis de la prescription *longi temporis* qui peut être opposée aux attaques de l'héritier véritable ;

Chap. I. — De l'usucapion *pro herede.*

82. L'usucapion, soit qu'elle eût pour objet de faire acquérir le *dominium ex jure quiritium* à celui qui avait une chose *in bonis*, soit qu'elle dût procurer la propriété d'une chose acquise à *non domino*, s'accomplissait par deux ans pour les immeubles, et par un an pour les meubles ; l'hérédité constituant un ensemble de droits, est par elle-même un bien incorporel, et meuble par conséquent : l'usucapion *pro herede* avait donc lieu au bout d'un an, quand même l'hérédité eût compris des immeubles. De plus, à la différence de l'usucapion ordinaire, elle avait lieu au profit du possesseur même de mauvaise foi, et quand même la possession aurait été considérée comme vicieuse pour l'usucapion ordinaire. En effet, l'hérédité étant jacente, on n'était pas réputé commettre un vol, *furtum*, en s'emparant des objets ainsi laissés à l'abandon ; on s'exposait seulement à l'accusation dite *expilatæ hereditatis*. Le vol ne pouvait donc vicier la possession tendant à l'usucapion *pro here-*

de : bien plus, la possession d'un ou plusieurs objets héréditaires, même à titre particulier, permettait d'acquérir le titre d'héritier et d'hérédité tout entière. Ainsi, pour forcer les héritiers à appréhender la succession au plus tôt, pour que les créanciers sussent à qui s'adresser, et surtout que les cérémonies religieuses, qui avaient lieu à la mort des citoyens romains, fussent exécutées dans le plus bref délai, on dépouillait l'héritier véritable au profit de celui qui s'était saisi des choses héréditaires : On ne sait pas comment on réglait le concours de ceux qui avaient usucapé simultanément *pro herede* : partageaient-ils l'hérédité par portions égales ou en proportion de ce que chacun avait possédé (1)? Au temps de Gaïus, de qui nous tenons

(1) Nous avons bien de la peine à croire que cette usucapion de l'hérédité tout entière fût procurée, dans l'origine, par la simple détention des objets héréditaires : pour usucaper l'hérédité, il faut posséder à titre d'héritier : le but de l'institution, *adiri hereditates*, n'aurait pas été atteint sans cela : l'héritier n'aurait été connu qu'au bout d'un an : encore il pourrait y avoir plusieurs détenteurs des objets héréditaires ; n'est-il pas permis de penser que l'usucapion *pro herede* était la consolidation de la *bonorum possessio* demandée au préteur et obtenue par l'interdit *quorum bonorum* : comme l'usucapion ordinaire, l'usucapion *pro herede* aurait eu alors un double but : 1° de donner au *bonorum possessor* la propriété quiritaire ; 2° de transférer le droit à l'hérédité à celui-là même, qui ayant demandé le premier au préteur la *bonorum possessio*, serait néanmoins primé dans l'ordre successoral par d'autres héritiers ou *bonorum possessores*. Il semble en effet résulter de la L. 2, D. *pro herede* que l'héritier institué usucape *pro herede* après avoir demandé la *bonorum possessio secundum tabulas*, et cela explique comment la

ces renseignements, ces questions étaient oiseuses, car le titre d'héritier ne pouvait plus être usucapé, et d'après l'avis des jurisconsultes, l'usucapion *pro herede* ne servait plus qu'à acquérir les objets mêmes possédés par l'usucapant ; comme auparavant, la mauvaise foi n'empêchait pas l'usucapion, et celle-ci s'accomplissait par un an de possession, même pour les immeubles (1) ; du reste, il fallait absolument qu'il existât une hérédité : la croyance au décès du *de cujus* ne suffit pas pour l'usucapion; de même, on doit posséder à titre de propriétaire et l'on ne peut changer son titre, s'il est précaire, que par une cause venant d'un tiers, ou par une con-

mauvaise foi ne vicie pas cette usucapion : *juste possidet, qui prætore auctore possidet* (L. 11, D. *de acq. vel om. poss.*). Voy. M. Ducaurroy, I, n° 473, *in fine*.

Cela expliquerait aussi pourquoi on pourrait usucaper *pro herede*, même contre l'héritier nécessaire, si celui-ci n'avait pas appréhendé la succession en se faisant donner la possession *unde liberi* ou *secundum tabulas*.

Plus tard la *bonorum possessio*, au moins quand elle était *cum re*, ayant été protégée par l'exception de dol contre l'héritier du droit civil, l'usucapion *pro herede* devint inutile pour opérer l'acquisition de l'hérédité à titre universel : elle ne servit plus qu'à transférer la propriété d'objets particuliers et put s'acquérir par leur seule détention: alors elle put être opposée à l'interdit *quorum bonorum* qu'elle servait primitivement à consolider. Cette conjecture, qui donne à l'usucapion *pro herede* la fonction de confirmer la possession obtenue par l'interdit *quorum bonorum*, s'appuie encore sur la L. 3 D. *pro herede* qui fait acquérir, au moyen de cette usucapion, la propriété des choses dont le défunt avait la possession, comme l'interdit *quorum bonorum* sert à en obtenir la possession d'après la L. 3, Cod. *quorum bonorum*.

(1) Gaïus, II, 52-58.

tradiction opposée au droit du véritable propriétaire (1). Réciproquement on peut usucaper *pro herede* si l'on possède par d'autres personnes qui détiennent à titre précaire.

82. Déjà restreinte à des objets particuliers, l'usucapion *pro herede* perdit encore de ses avantages sous Adrien ; un sénatus-consulte, qu'on croit être le SC. Juventien, dont nous n'aurions pas le texte complet, permit d'intenter la pétition d'hérédité, même contre ceux qui auraient complété, pour les choses héréditaires par eux possédées, l'usucapion *pro herede*. Du reste, des termes de Gaïus (2), il résulte que c'est seulement dans les rapports de l'héritier véritable et du possesseur, que l'usucapion est annulée. L'héritier, au moyen d'une fiction analogue à celle de la publicienne rescisoire, peut agir comme si l'usucapion n'eût pas eu lieu ; mais à l'égard de tous autres, l'usucapion subsiste avec tous ses effets, tant que l'héritier n'a pas intenté la pétition d'hérédité.

Chapitre II. — De la prescription *longi temporis*.

83. Les actions réelles pouvaient être rendues inutiles si le défendeur faisait insérer dans la formule une *præscriptio*, ou exception mise en tête de

(1) L. 2, pr et § 1. D. *pro herede*.
(2) II, 59 et s.

l'*intentio*, pour le cas où il aurait possédé l'objet revendiqué pendant dix ans en présence du demandeur ou vingt ans en son absence, et s'il prouvait le bien fondé de cette exception. La pétition d'hérédité, quoique étant une action réelle, ne devait pourtant pas subir cette prescription; en effet, la revendication de l'hérédité embrasse tous les biens que celle-ci comprend: Or, parmi ces biens se trouvent non-seulement des objets corporels et des actions réelles, mais aussi des créances, des droits personnels. Nous avons vu que, contre les débiteurs héréditaires, contre les *possessores juris*, la pétition d'hérédité, qu'un texte appelle pour cette raison *mixta personalis actio* (1), prend les allures des actions personnelles qu'elle met en exercice: Or, ces actions ne subissent pas la prescription de dix ou vingt ans; elle n'est donc pas opposable à la pétition d'hérédité.

La pétition d'hérédité fut ainsi perpétuelle tant que les actions personnelles le furent aussi; mais lorsque, sous Théodose le Grand (2), les actions personnelles furent soumises à la prescription *longissimi temporis* de trente ans, la pétition d'hérédité rentra dans la règle générale; seulement elle ne fut éteinte que par la prescription trentenaire, à la différence des autres actions réelles.

(1) L. 7, Cod. *de pet. her.*

(2) L. 3, Cod. *de præscript*, *XXX vel XL ann.* : Voy. Cujas, 18 obs. 26.

TABLE

DROIT FRANÇAIS.

DE LA REPRÉSENTATION.

INTRODUCTION.

1. La représentation est la vocation d'un ou de plusieurs descendants d'un héritier présomptif prédécédé, au degré et à la part auxquels celui-ci aurait été appelé, s'il eût été vivant lors de l'ouverture de la succession.

Nous justifierons plus tard cette définition, et les différences qu'elle offre avec celle que donne l'article 739 du Code Napoléon.

Nous avons d'abord à raconter très brièvement l'histoire de cette institution dans les législations qui ont servi de base à la nôtre, c'est à-dire dans le droit romain, le droit coutumier et le droit intermédiaire.

CHAPITRE Ier. — Droit romain.

2. L'histoire du droit de succession à Rome se compose de trois périodes principales : celle où la loi des XII Tables domine exclusivement : puis une période de transition où les modifications introduites par le préteur, les Sénatus-Consultes et les constitutions impériales croissent continuellement en nombre et en importance ; enfin la refonte générale du droit, opérée par Justinien dans les Novelles CXVIII et CXXVII.

3. Pendant la première période, celle de la loi des XII tables, c'est l'idée de la famille civile qui domine la réglementation du droit de succession. L'hérédité est déférée indépendamment des liens du sang ; on ne considère que le lien civil dérivant de la puissance paternelle, qui peut exister sur des étrangers, ou n'exister pas sur des enfants. La famille civile forme, pour ainsi dire, une seule personne juridique, dans laquelle s'absorbe, dans une certaine mesure, la personnalité de chacun de ses membres, et qui acquiert au père de famille, son chef et son administrateur, la propriété de tout ce qui échoit aux différentes personnes qui sont sous sa puissance. Aussi, par une sorte de co-propriété sur les biens de la famille, que ses acquisitions ont

contribué à accroître, chaque membre existant lors du décès du *de cujus*, devenu *sui juris*, lors de l'ouverture de la succession *ab intestat*, prend une part de l'hérédité. Ce droit, sinon actuel, du moins éventuel à la co-propriété du patrimoine de la famille, passe, si l'enfant du *de cujus* n'est plus sous sa puissance, s'il en est sorti par la mort, ou l'émancipation, à ceux qui lui auraient succédé, s'il avait été *sui juris*, c'est-à-dire à ses propres enfants ou descendants, pourvu que ceux-ci soient en rapport civil avec le défunt, c'est-à-dire qu'ils soient restés sous sa puissance : les petits enfants *représentent* donc leur père mort ou émancipé ; ils viennent d'une manière non pas identique, mais analogue à ce qui aurait lieu en cas de succession par transmission ; ils prennent la part que leur père aurait prise, et partagent par conséquent par souches, en ne comptant à eux tous que pour une seule tête, celle de leur père, sauf à diviser entre eux le lot qui leur sera attribué.

Il en est ainsi en cas de mort ou d'émancipation de l'enfant du premier degré ; du reste, s'il est sous la puissance du *de cujus*, il est héritier nécessaire, et son abstention, ne l'empêchant pas de conserver le titre d'héritier, ne permet pas à ses enfants de venir le représenter. Peut-être est-ce par une confusion entre l'abstention et la renonciation, que plus tard, quand celle-ci fut possible, on ne crut pas devoir permettre la représentation du renonçant : prohibition qui ne nous paraît pas motivée en raison d'une manière suffisante.

Dans l'ordre des agnats, et vraisemblablement dans celui des *gentiles* qui venait le troisième, les acquisitions de l'héritier présomptif ne contribuant pas à augmenter la succession, l'idée de copropriété n'est plus admise ; il n'y a donc pas de droits éventuels à transmettre à ses propres descendants, aussi n'y a-t-il pas de représentation, et l'hérédité est-elle dévolue uniquement au plus proche en degré.

Dans cette période, par conséquent, la représentation a lieu en ligne directe à l'infini, et pas du tout en collatérale, et dans tous les cas on considère le lien qui constitue la famille civile, et non pas la parenté naturelle, et l'affection qu'elle produit.

4. Cependant les préteurs, substituant peu à peu des règles plus équitables aux principes rigoureux du droit civil, inaugurèrent une période mixte, où le respect des affections présumées du défunt créa un ordre successoral à côté de celui qui subsistait en vertu de la législation ancienne, et parfois empiéta sur celle-ci pour en modifier les effets.

La possession de biens, qui ne servait d'abord qu'à saisir les héritiers du droit civil, fut accordée même à des personnes à qui il ne reconnaissait aucune vocation, d'abord seulement à défaut de celles qu'appelait la loi des XII tables, ensuite malgré leur présence. Ainsi, l'enfant émancipé put venir à la succession de son père, par une sorte de rescision de l'émancipation ; ses enfants nés après son émancipation purent le représenter et prendre son degré et sa part comme s'ils étaient restés, ainsi que lui, dans la famille. Dans un seul cas, l'émancipation conserva quelque effet ; si, le père étant émancipé, les enfants étaient restés sous la puissance de l'aïeul, on n'admit pas l'émancipé à les exclure complétement, comme il l'eût fait, s'il n'eût pas subi la *capitis deminutio ;* on leur donna le concours sur la portion que lui assurait la possession de biens *unde liberi;* il en eut moitié, le reste fut divisé entre ses enfants restés héritiers siens (1).

Les mêmes conséquences furent étendues par Justinien aux enfants donnés en adoption, excepté dans le cas d'adoption par un ascendant ; ils restèrent dans leur famille naturelle, et acquirent seulement des droits à la succession *ab intestat* de l'adoptant (2). Les enfants de la fille n'étaient pas dans la famille de leur mère ; ne succédant pas à son droit éventuel à l'hérédité de l'aïeul, ils ne pouvaient donc pas la représenter à cette succes-

(1) Voy. Ulp. L. 1, D. *de conjung. cum emanc. lib.*
(2) L. 10, § 1, Cod. *de adopt.*

sion. Ce ne fut que sous Valentinien III, Théodose II et Arcadius, qu'ils purent concourir avec les héritiers siens, et seulement pour les deux tiers de la portion que leur mère aurait eue, si elle avait vécu (1). A défaut d'héritiers siens, ils prenaient les trois quarts de la succession, un quart étant laissé aux agnats; Justinien (2) leur permit d'exclure complétement ces derniers, mais ce n'est que plus tard, dans ses Novelles, qu'il leur déféra, en présence d'héritiers siens, ou de *bonorum possessores unde liberi*, la part entière que leur mère aurait eue.

Nous n'avons parlé jusqu'ici que de la succession des hommes; quant aux femmes, elles n'avaient pas de puissance paternelle, donc, pas d'héritiers siens; leurs agnats leur succédaient, ou bien si elles étaient *in manu mariti*, elles étaient considérées comme filles de leurs maris, placées sous leur puissance, et, devenues *sui juris* par leur mort, laissaient leur succession à leurs propres enfants, regardés comme leurs frères et sœurs consanguins, et aux agnats de leurs maris; si la *manus* n'avait pas été acquise au mari sur sa femme, aucun lien civil n'existait entre celle-ci et ses enfants. Ce résultat parut injuste. Sous Marc-Aurèle, le SC. Orphitien, complété ultérieurement

(1) L. 4, C. Théod., *de legitim. hered.*

(2) L. 9 et 12, Cod. *de suis et legit.*

par diverses constitutions impériales (1), vint déférer la succession de la femme à ses enfants, indépendamment de tout lien de famille, à l'exclusion des agnats, de la mère appelée par le SC. Tertullien, et des frères consanguins qui lui étaient préférés par ce sénatus-consulte. Plus tard, les petits-enfants furent admis à représenter les enfants à la succession de leur aïeule (2). Jusqu'à Justinien pourtant, ils laissèrent aux agnats de celle-ci le quart de la part à laquelle le SC. Orphitien appelait leur père (3).

En ligne collatérale, Anastase étendit le droit d'agnation aux frères et sœurs émancipés, mais en réservant un quart aux agnats plus éloignés (4); Justinien communiqua ce droit sans réserve aux frères et sœurs utérins ou émancipés et à leurs enfants, sans restriction aucune. Mais les frères et sœurs, comme dans l'ordre des agnats du droit civil, continuèrent à exclure les enfants des frères et sœurs prédécédés : il n'y avait donc pas de représentation ni de partage par souche; il n'y en avait pas non plus dans l'ordre des cognats, appelé au troisième rang par le préteur, qui donnait la succession entière au plus proche en degré.

(1) L. 11, Cod. *de suis et legit.* L. 4, Cod. *de sc. Orphit.*
(2) § 1, Inst. *de sc. Orphit.*
(3) L. 4, C. Théod., *de leg. hered.*
(4) § 1, Inst., *de succ. cogn.*

Ainsi, pendant cette période, représentation en ligne directe à l'infini, se rapprochant de plus en plus de l'ordre naturel des affections, mais toujours d'une manière incomplète et restreinte : absence totale de représentation en ligne collatérale.

5. Enfin Justinien, par les Novelles CXVIII et CXXVII, abolit toute la législation antérieure, pour régler l'ordre successoral d'après les affections probables du *de cujus* ; il plaça, en conséquence, au premier rang les descendants, et observant que les petits-enfants remplacent naturellement leur père dans l'affection de leur aïeul, il établit dans cet ordre la représentation à l'infini. Ainsi, les enfants d'un fils ou d'une fille prédécédée succèdent concurremment avec leurs oncles et tantes, et le partage s'opère par souches, que les descendants du *de cujus* soient, à l'égard les uns des autres, à des degrés égaux ou inégaux du défunt.

Justinien plaça dans un second ordre les ascendants les plus proches, concourant avec les frères et sœurs germains, et se partageant avec eux, par tête, la succession. La représentation en ligne directe ascendante ne fut pas admise ; elle est contraire, en effet, à l'ordre naturel de la transmission ; d'ailleurs, dans les relations de famille, l'affection descend plus qu'elle ne remonte, et tandis que l'aïeul reporte sur ses petits-enfants la tendresse qu'il avait pour son fils, le petit-fils qui a toujours connu son père et son grand-père, aime chacun d'eux d'une affection indépendante, que le décès de l'autre ne vient pas accroître.

L'oncle, au contraire, aime ses neveux, sinon comme ses propres enfants (1), au moins comme ses frères dont ils sont issus, et dont ils continuent pour ainsi dire la personne. Justinien permit donc, par la Novelle CXXVII, modifiant la Novelle CXVIII, aux neveux, issus de frères germains, de concourir avec les ascendants du *de cujus.*

A défaut d'ascendants, les frères germains succèdent, et, à leur défaut, les frères consanguins et utérins. La représentation est ici admise en faveur des enfants de ces frères germains, consanguins et utérins, qui s'excluent réciproquement, comme feraient les pères dont ils sont issus. Ainsi, les fils du frère germain concourent avec les autres frères germains, leurs oncles, et excluent les frères consanguins ou utérins ; dans ce cas, le partage a lieu par souches : il semble qu'il doive en être de même lorsqu'il y a un frère consanguin ou utérin, pour l'exclusion duquel la représentation est nécessaire ; et tel est l'avis de Henrys (2) et de Lebrun (3) ; il en est de même, suivant ces auteurs, et Cu-

(1) *Parentis loco habetur*. § 5, Inst. *de nuptiis*.
(2) I, liv. V. Quest. 54.
(3) Succ, liv. I, ch. 6, sect. 4, n° 5 et 6.

jas (1), par le même motif, si des neveux, même issus de frères consanguins ou utérins, viennent exclure des oncles du *de cujus* (2).

La question devient plus délicate, s'il n'y a ni frère ni oncle : dans ce cas la représentation n'est pas nécessaire pour concourir avec lui ou l'exclure ; aussi Azon (3) soutenait-il que le partage entre les neveux devait alors se faire par têtes, et, malgré l'opinion contraire d'Accurse, le parlement de Paris adopta cette règle par arrêts des 13 décembre 1526, et 14 mars 1550 (4).

Du reste, d'après les Novelles 118 et 127, la représentation ne fut admise qu'en faveur des enfants, des frères et sœurs du *de cujus*, et le bénéfice n'en fut pas étendu à leurs petits-enfants.

D'après ce qui précède, dans le droit institué par Justinien, qui, sous le nom de droit écrit, obtint force de loi dans une grande partie de la France, et, dans le reste du territoire, une grande influence comme raison écrite, nous voyons la

(1) Voy. Cuj., sur le titre *de legit. hered.*, Cod. et sur la Nov. CXVIII.

(2) Certains auteurs cependant pensaient qu'il y avait deux sortes de représentation, l'une pour succéder, l'autre pour partager : l'une n'entraînant pas l'autre nécessairement : dans ce cas, on pourrait soutenir ici que les neveux ont usé de la première espèce pour exclure les oncles, mais que la seconde n'ayant pas lieu, le partage doit se faire par têtes.

(3) *Summ. de leg. her.* n° 7.

(4) Voy. Bretonnier, quest., v° *Représentation.*

représentation admise en ligne directe à l'infini, et en ligne collatérale pour les enfants, au premier degré seulement, des frères et sœurs.

CHAPITRE II. — Ancien droit français.

6. On peut aussi distinguer trois époques dans l'ancien droit français, où dominent successivement les usages germains, puis les lois féodales, résultat de la fixation sur le sol des envahisseurs, autrefois errants, enfin les coutumes qui modifient les principes féodaux, par les nécessités de la pratique, et l'influence toujours croissante du droit romain.

7. Dans la première époque, le droit de succession dérive des mœurs barbares et guerrières des Germains dans leur patrie originaire : c'est le plus fort des descendants à qui le patrimoine est dévolu, car c'est lui qui, avant toute législation, a dû s'emparer de tout par droit de conquête, d'occupation. C'était à lui encore de protéger les plus faibles, et la solidarité de vengeance et de défense de la famille germaine conduisait naturellement à rémunérer par l'abandon de l'hérédité celui dont la force matérielle pouvait servir à la protection de tous : enfin dans les successions n'étaient guère compris que des objets mobiliers, surtout des armes, des

chevaux, la terre n'étant pas susceptible, dans les idées primitives des Germains, d'une propriété divisée.

On comprend donc que ces objets appartinssent au plus capable de les utiliser : en effet, dans les lois des Francs Saliens et Ripuaires, des Thuringes, des Bourguignons, et en général dans la plupart des coutumes germaniques, sauf quelques-unes, qui, comme la loi des Visigoths, sont modifiées profondément par les principes du droit romain, on voit le privilége de masculinité établi ; au moins pour certains biens, les fils sont préférés à la fille, et celle-ci est même souvent primée par certains collatéraux : par la même raison, le fils exclut les enfants de son frère : plus âgé qu'eux, et en général plus en état de venger son père, ou de protéger la famille, il prend seul les armes, l'habit de guerre, et plus tard les possessions même territoriales du défunt : il n'y a donc pas de représentation. Cependant l'équité, qui l'avait fait admettre dans les lois romaines, eut de l'influence sur certaines législations barbares : les Bourguignons, les Visigoths, établis sur un sol plus profondément romain, et où de longues invasions n'avaient pas encore altéré les usages et changé les populations, plus doux d'ailleurs eux-mêmes de mœurs et d'habitudes, introduisirent la représentation dans la rédaction de leurs coutumes : même dans des pays plus profondément germains, des tentatives furent faites dans le même sens : le roi frank Childebert II, dans un de ses capitulaires, donné à Attigny, en 595, ordonna que les petits-fils issus, soit du fils, soit de la fille, succédassent concurremment avec les fils et filles du défunt comme si leur père ou leur mère vivait encore : mais cette règle ne prévalut pas contre l'esprit des coutumes nationales ; du moins il fut permis de s'écarter de la loi successorale, au moyen de rappels à succession, acte par lequel le père ou l'aïeul déclarait vouloir, conformément à l'équité, déférer son hérédité à sa fille, ou à ses petits-enfants, concurremment avec les mâles ou enfants du premier degré (1). La représentation n'est donc, à l'époque franque, qu'une exception au droit commun.

8. L'époque féodale ne lui fut pas non plus favorable ; l'esprit de ce temps s'opposait au morcellement du fief, contraire aux intérêts du seigneur, et tendait à la conservation des biens dans les familles. La représentation, en multipliant le nombre des héritiers est, au contraire une cause de division et de mobilité de la propriété : elle ne fut pas admise ; bien plus, le privilége de primogéniture, peu connu à l'époque barbare, vint encore

(1) Marculf. Lib. 2, form. 10 et 12. On employait pour cela la cérémonie dite *affatomia* ou *adfathumia*, dont nous verrons une autre application donner naissance aux institutions contractuelles. Marculf. append. form. 39 ; Lindenbrog, form. 55 et 57.

assurer l'unité du fief, dévolu désormais à un seul des enfants du *de cujus*.

Cependant les idées romaines pénétraient de plus en plus dans l'esprit des légistes, et, au moyen de leurs efforts persévérants, dans les usages ayant autorité légale. La représentation, institution tout à fait équitable, tendit ainsi à s'introduire dans le droit ; mais elle n'y parvint pas sans difficultés. On alla même, en Allemagne, en 942, sous l'empereur Othon, jusqu'à en soumettre l'adoption à un combat judiciaire, et Bretonnier rapporte gravement(1), et presque comme une preuve de l'équité de la représentation, que « toutes les fois que la dispute a « été décidée par le sort des armes, la victoire « s'est déclarée pour ce parti. »

En France, il ne paraît pas que rien de semblable ait eu lieu, et ce n'est guère qu'à l'époque de la rédaction des coutumes que la représentation fut admise ; encore fut-elle introduite comme amélioration du droit trop rigoureux auparavant, par les commissaires chargés de la rédaction, plutôt que reconnue par eux comme existante antérieurement dans les différentes coutumes : ce perfectionnement de plus ne fut pas complet, et l'esprit germanique et féodal résista avec succès dans certains pays aux envahissements du droit romain. Une ordonnance de Henri II, rendue en 1550, et prescri-

(1) Quest. v° *Représentation*, p. 181.

vant l'extension au royaume entier des Novelles CXVIII et CXXVII, ne put être enregistrée presque nulle part. Ainsi, point de représentation à l'époque féodale, non plus qu'à l'époque germanique.

9. On remarque dans le droit coutumier, quant à la représentation, des différences notables qui s'expliquent par des circonstances historiques et géographiques. Les pays du Nord, où les institutions romaines furent plus tôt et plus complètement remplacées par les usages germains et féodaux, furent aussi moins faciles à subir l'influence du droit romain, redevenu envahisseur; même dans certaines coutumes, on retrouve dans la différence entre les biens ou les individus nobles et roturiers, la concurrence des deux institutions dans le même territoire, chacune sur la classe de personnes ou la nature des biens qu'elle a le plus longtemps régie.

Toute représentation, même en ligne directe, était refusée par les coutumes de Ponthieu (1), de Boulonnais (2), de Douai (3), de Saint-Amand (4), de Mortagne en Tournaisis (5) et d'Artois (6), du moins avant des lettres patentes d'avril 1773, et un édit d'août 1775.

(1) Art. 8.
(2) Art. 76.
(3) Ch. II, art. 15.
(4) Art. 133.
(5) Des succ., art. 2.
(6) Art. 60 et 93.

Dans ces coutumes, du reste, la rigueur du droit avait été tempérée par l'usage, continué depuis l'époque franque, des rappels à succession.

D'autres coutumes admettaient la représentation seulement pour la succession entre roturiers ; il en était ainsi dans la coutume de Vastan (1) et dans celle d'Artois après l'édit de 1775. Elle n'avait pas lieu entre nobles : l'esprit féodal dominait encore dans les rapports juridiques de ceux-ci entre eux.

Une troisième catégorie de coutumes distinguait selon la nature des biens : les terres nobles se transmettaient sans représentation ; elle n'avait lieu que pour les meubles et les rotures. Cette série de coutumes comprenait la plupart de celles de la Flandre, et certaines coutumes particulières de l'Artois, ainsi que la coutume générale de Hainaut (2).

Ailleurs on refuse d'admettre la représentation dans la succession aux immeubles, tandis qu'elle a lieu dans la transmission des meubles : il en était ainsi dans certaines coutumes particulières du Hainaut, dans celle de Lille (3) ; il est assez singulier de voir l'inverse dans les coutumes si profondément féodales de Clermont en Argonne (4), de

(1) Art. 22.

(2) Chap. XC, art. 5.

(3) Encore n'y était-elle admise qu'en ligne directe descendante. Ch. I, art. 15.

(4) Ch. VIII, art. 1 et 5.

Mons (1) et de Nivernais (2) qui admettent la représentation pour les immeubles, et la refusent pour les meubles ; et dans celle de Saint-Mihiel (3) qui, cependant, se rapproche un peu des coutumes citées plus haut, puisqu'elle refuse la représentation pour la succession aux fiefs, meubles, acquêts et conquêts, et ne l'admet que pour les héritages de ligne *en terre de pote*, c'est-à-dire à tenure servile.

Parmi les coutumes mêmes où la représentation a lieu, beaucoup la limitent à la ligne directe descendante : ce sont celles de Namur (4), Chimay (5), d'Orchies (6), de Lille (7), de Cambrésis (8), de Douai (9), de Valenciennes (10), de Senlis (11), de Clermont en Beauvoisis (12), de Montargis (13) et de Blois (14).

(1) Voy. Merlin, Rép., v° Représentation, sect. II, § VII, n° 2.
(2) Ch. XXXIV, art. 13.
(3) Titre V, art. 2, 14 et 15.
(4) Art. 78.
(5) Ch. III et V.
(6) Ch. I, art. 6.
(7) Ch. I, art. 15.
(8) Titre XII, art. 25.
(9) Ch. I, art. 7.
(10) Art. 125 et 126.
(11) Art. 139 et 140.
(12) Art. 155 et 156.
(13) Ch. XV, art. 4 et 8.
(14) Art. 139 et 141.

La coutume de Reims (1) l'admettait en collatérale conformément au droit romain, mais seulement pour les fiefs; pour les rotures elle l'étendait à l'infini.

Enfin un très grand nombre de coutumes avaient adopté les principes du droit romain : représentation à l'infini en ligne directe, et en collatérale pour les enfants, au premier degré seulement, des frères et sœurs : parmi ces coutumes se trouvent celles de Paris (2) et d'Orléans (3).

Nous avons vu quelles coutumes dérogeaient au droit romain pour restreindre la représentation, conformément à l'esprit germanique et féodal : ce sont, en général, celles des pays septentrionaux : d'autres séries de coutumes, au contraire, surtout dans le midi des pays coutumiers, vont plus loin que le droit romain.

Les unes en conservent les principes pour la

(1) Art. 309.

(2) Art. 319 et 320.

(3) Art. 304 et 318. Nous ne nous occuperons pas, dans cet exposé rapide, de la question de savoir si les représentants ont droit aux avantages, etc., qu'aurait eus leur père, s'il eût survécu, par exemple comme aîné ou comme mâle : les coutumes de Paris, article 324, et d'Orléans, 321, se décidaient pour l'affirmative : Pothier (Succ. Ch. II, sect. 1re, § III, *in fine*), pensait qu'on devait l'étendre aux coutumes muettes ; d'où l'on peut inférer qu'en droit coutumier le représentant vient, en vertu du droit du représenté et non du sien propre : nous montrerons qu'il n'en est pas ainsi sous le Code Napoléon.

succession des meubles et acquêts ; mais, pour les propres, admettent la représentation à l'infini, même en collatérale : ce sont les coutumes de Normandie (1) et de Saint-Jean-d'Angely (2).

D'autres, sans distinction entre les diverses natures de biens, étendent la représentation en collatérale, aux petits-enfants des frères et sœurs, pour les faire concourir, celle d'Epte, locale de Normandie (3), avec les frères et sœurs, d'autres comme celle de Metz (4) seulement avec les enfants de ces frères et sœurs.

D'autres encore, comme celle du Valois (5), permettent de représenter non-seulement les frères et sœurs du défunt, mais encore ses oncles et tantes, de manière à faire concourir l'oncle et le cousin germain.

Enfin dans les coutumes de Touraine (6), d'Anjou (7), du Maine (8), du grand Perche (9),

(1) Art. 146, 240, 305, 306, 307, 308. — V. pourtant 309.

(2) Art. 104 et arrêt du Parlement de Bordeaux, du 20 juin 1605.

(3) Art. 1 et arrêt du 11 avril 1631. Voy. Merlin, Rép. v° Repr., sect. II, § 5, n° 1.

(4) Tit. XI, art. 26.

(5) Art. 87.

(6) Art. 287.

(7) Art. 225.

(8) Art. 251.

(9) Art. 151.

d'Auvergne (1), du Poitou (2), de Saintonge (3), de Saint-Sever (4), d'Acqs ou Dax (5), d'Andrewicq (6), et de Tournehem (7), locales de Saint-Omer, de Bretagne (8), de Bourgogne (9), et quelques autres, la représentation avait lieu en ligne collatérale à l'infini, c'est-à-dire que non-seulement les descendants des frères et sœurs, mais tous autres collatéraux pouvaient monter d'ascendant en ascendant dans leur ligne jusqu'à ce qu'ils rencontrassent celui dans la personne duquel cette ligne se sépare de celle du *de cujus*. Ainsi les cousins germains montent au degré de l'aïeul, les cousins issus de germains au degré de bisaïeul et ainsi de suite.

D'après cela le cousin issu de germain représentant le bisaïeul, était exclu par le cousin germain représentant l'aïeul. La représentation ne remonte donc qu'à la fourche des deux branches, et ne revient pas sur la branche à laquelle appartient le *de cujus* pour se rapprocher au même degré que

(1) Ch. XII, art. 9.
(2) Art. 277.
(3) Art. 101.
(4) Tit. XII, art. 12.
(5) Tit. II, art. 3.
(6) Art. 5.
(7) Art. 7.
(8) Art. 592. V. D'Argentré.
(9) Ch. VII, art 19.

le descendant d'une branche qui fait fourche plus près du défunt. C'est en ce sens que Lebrun dit que la représentation ne doit point rétrograder au-dessus du défunt (1); il en est ainsi quant aux propres dans chaque ligne, et en général sans dévolution d'une ligne à l'autre. Pour les acquêts, on peut en dire autant dans certaines coutumes qui établissent pour eux la fente entre les deux lignes paternelle et maternelle ; dans d'autres, par exemple la coutume de Bourgogne, qui repoussait cette fente, le cousin issu de germain maternel sera exclu par le cousin germain paternel. Bien plus, on allait dans ces coutumes jusqu'à exclure toute représentation quand les cohéritiers n'étaient pas de la même ligne; de sorte que le fils du cousin germain maternel était exclu par le cousin germain paternel, quoique par la représentation tous deux eussent dû monter au degré d'aïeul du *de cujus*; c'est en ce sens que la coutume de Bourgogne disait (2) : « En toutes successions, repré-« sentation a lieu, quand la personne représentée « est en pareil degré avec celui de *sa ligne* et « branche avec lequel il succède, et autrement, « non. » Il n'y avait donc de représentation dans ces coutumes que pour faire concourir le fils du

(1) V. aussi Dumoulin sur la cout. du Maine, art. 241.

(2) Ch. VII, art. 19. V. aussi deux arrêts du Parlement de Dijon, des 3 août 1768 et 27 janvier 1783.

cousin germain maternel; avec son oncle, cousin germain aussi maternel.

De la représentation à l'effet de venir à la succession, on distinguait dans l'ancien droit, au moins selon la plupart des auteurs, la représentation à l'effet de partager, dont le résultat était la division de l'hérédité par souches et non par têtes, en donnant aux représentants la part qu'aurait eue le représenté. Ces deux sortes de représentations pouvaient avoir lieu l'une sans l'autre ; nous avons vu, en effet, que suivant Azon et le parlement de Paris, le partage se faisait par tête entre les enfants des frères, quoique la Novelle CXXVII les admît à la représentation. Réciproquement, Pothier (1) décide que si les enfants du *de cujus* sont vivants lors du décès de leur père et qu'ils ne succèdent pas, auquel cas on ne peut les représenter (2), les petits-enfants partageront néanmoins par souche, quoiqu'ils viennent seulement de leur chef à la succession de leur aïeul.

10. A la succession des propres, que dominait le principe conservateur, *paterna paternis, mater-*

(1) Succ. Ch. II, art. 1er, § 4. V. en ce sens, un arrêt du Parlem. de Paris, du 1er avril 1686.

(2) Certains auteurs admettent pourtant que le fils exhérédé ou renonçant peut être représenté, quoique vivant, au moins dans certains cas : quoique vivant, disent-ils, il n'occupe pas son degré : V. Prévost de la Jannès (Princ. de Jur. I, n° 41) ; Ricard (Cout. de Senlis, art. 309). Mais cette opinion n'était pas admise par la jurisprudence.

na maternis, se rattachait, dans le droit ancien, l'institution du retrait lignager, qui donnait à la ligne d'où venait le bien, le droit d'exproprier, en l'indemnisant, l'acheteur de l'immeuble propre vendu par son propriétaire. Certaines coutumes donnaient ce droit au plus diligent des parents de chaque ligne (1), les autres admettaient sur le choix du parent qui pouvait l'exercer, des variations analogues à celles qu'on y remarquait quant à la dévolution successorale. On s'y demandait aussi s'il fallait admettre la représentation par les descendants du collatéral qui, sans son prédécès, eût pu retraire le bien vendu. A cette question, un grand nombre de coutumes répondaient affirmativement d'une manière explicite (2) ou implicite (3). Quelques-unes refusaient, au contraire, toute représentation (4); quant aux coutumes muettes sur ce point, il nous semble que, la base étant la même dans la succession des propres et le retrait lignager, les mêmes principes devaient être appliqués quant à la représentation, quoiqu'il pût se rencon-

(1) Cout. de Paris, art. 141, et d'Orléans, art. 378. V. Pothier, Cout. d'Orl., Retr. lign., n° 20 : Traité des Retraits, n° 174.

(2) Bordeaux (art. 9); Anjou (art. 369); Poitou (art. 332): Maine (art. 379); Lodunois (Ch. XV, art. 2); Angoumois (art. 61).

(3) Labourd (tit. VI, art. 3); Saintonge (art. 52); Normandie (art. 475).

(4) Touraine (art. 161); Auvergne (Ch. XXIII, art. 19).

trer quelques différences de détail entre ces deux institutions (1).

CHAPITRE III. — Droit intermédiaire.

11. Les deux phases, l'une libérale et raisonnée, l'autre révolutionnaire et violente de la Révolution Française, eurent chacune leur influence sur le droit de représentation.

Dans la première, on trouve une loi des 8-13 avril 1791, dont l'art 2, conformément aux principes du droit romain et d'un raisonnement équitable, établit dans toutes les coutumes de France, la représentation à l'infini en ligne directe descendante.

Dans la deuxième époque, on alla plus loin; le déplacement de propriété produit par la confiscation et la vente des biens du clergé et des émigrés, ne parut pas suffisant; on voulut morceler le sol, et faire participer le plus de personnes qu'il était possible à la propriété: pour établir et rendre durable cette division à l'infini, fut rendue la loi sur les successions du 17 nivôse an II, basée bien plutôt, comme beaucoup de lois de cette époque, sur les nécessités momentanées du salut public, que sur des principes solides et rationnels.

(1) Voy. Pothier, Retraits, n° 187. — *Contrà*, Rép. de jurispr., v° Représ., sect. IV, § 6, n° 3.

Abolissant toute distinction entre les propres et les acquêts (1), cette loi, dans son article 68, établissait la représentation en ligne directe descendante à l'infini ; à défaut de descendants, elle appelait les ascendants et les collatéraux dans l'ordre suivant : il y avait d'abord division de la succession en deux lignes, et dévolution, dans chaque ligne, aux frères et sœurs (2) ; les germains prenant dans les deux lignes, les consanguins et les utérins dans une seule, avec représentation à l'infini de ces frères et sœurs par leurs descendants ; à défaut de frères ou de descendants d'eux dans une ligne, c'est leur auteur, c'est-à-dire le père ou la mère qui prend la moitié dévolue à cette ligne ; à défaut de père, elle appartient aux descendants de l'aïeul et de l'aïeule paternelle ; il en est de même dans la ligne maternelle à défaut de mère ; la représentation a lieu aussi à l'infini dans cette branche, descendant de chaque aïeul ; à défaut d'aïeuls, la moitié dévolue à la ligne où ils manquent est déférée aux descendants des bisaïeuls de la même ligne, et ainsi de suite (3).

Ainsi, la représentation a lieu à l'infini en ligne collatérale ; mais non en ligne ascendante : et, même

(1) Art. 62.
(2) Art. 83.
(3) L. du 17 nivôse, an II, art. 82-87, décret du 13 pluviôse an II et arrêté du 12 pluviôse an VI.

en ligne collatérale, elle ne rétrograde pas au-dessus du défunt pour redescendre dans la ligne ascendante; de sorte que les descendants d'un ascendant excluent dans chaque ligne cet ascendant, les autres du même degré, et les descendants des ascendants des degrés supérieurs.

Du reste, s'il y a fente entre les deux lignes, il n'y a pas refente entre l'aïeul et l'aïeule paternels ou maternels ; l'aïeul, s'il est seul, prend toute la part afférente à sa ligne, à l'exclusion des ascendants de l'aïeule et des descendants : et si la question s'agite entre collatéraux de même ligne, lorsque les représentés se trouvent égaux en degré, quoiqu'ils soient en nombre différent dans chaque subdivision de la ligne, par exemple, s'il y a deux oncles, frères utérins du père, et un autre, son frère consanguin, le partage aura lieu par tête : de même si les représentés sont inégaux, en degré si, par exemple, au moyen de la représentation, les souches prétendant part montent, l'une au degré de frère *consanguin* du père, l'autre au degré d'oncle *maternel* de ce même père, la première exclura la seconde comme plus proche, et prendra à elle seule toute la portion dévolue à la ligne paternelle. La jurisprudence qui admit cette solution (1) ne fit du reste que maintenir ce qu'on avait déjà décidé dans

(1) Cass. 13 brumaire, 5 frimaire, 1er et 11 nivôse an IX et 4 ventôse an XI.

les coutumes qui reconnaissaient la représentation à l'infini en ligne collatérale.

On comprend qu'en préférant aux ascendants la branche des descendants d'eux, et, parmi les collatéraux, en appelant la branche entière, et non plus seulement le plus proche en degré, on multipliait singulièrement le nombre des héritiers, qui devenait de plus en plus considérable à mesure que, les branches inférieures faisant défaut, il fallait remonter à celles qui faisaient fourche plus loin du *de cujus*.

On s'aperçut bientôt des inconvénients de ce système, utile momentanément pour anéantir les grandes propriétés, centres d'influences locales hostiles aux idées nouvelles : bientôt apparurent les dangers d'un morcellement indéfini du sol et des exploitations, et, par dessus tout, la difficulté des partages entre un si grand nombre de cohéritiers et l'énormité des frais de justice en cas de contestations ou de minorité.

Nous allons voir comment les rédacteurs du Code Napoléon, sensibles à ces fâcheux résultats, surent, en y remédiant, s'attacher aux principes véritables du droit de succession.

DROIT ACTUEL.

PRINCIPES ET DÉFINITION.

12. Nous avons maintenant à examiner quelles règles le Code Napoléon a établies quant au droit de représentation. Nous devons aussi justifier la définition que nous avons donnée en commençant, et, pour y arriver, il nous faut étudier les principes véritables de ce droit, principes qui se rattachent à la théorie du droit de succession, et varient selon qu'on aura donné à celui-ci une base différente: nous verrons ensuite sur quelle idée principale les rédacteurs du Code se sont appuyés, puis les conséquences qu'il en faut déduire.

Sans parler de l'utilité de la transmission à titre héréditaire, relativement à l'organisation politique et à l'économie sociale, on a donné, au point de vue plus juridique du juste et de l'injuste, trois explications du droit de succession; il est fondé, selon qu'on adoptera l'une ou l'autre, sur l'occupation, sur une sorte de droit de co-propriété attribué aux héritiers présomptifs, du vivant même du *de cujus,* enfin sur le droit qu'avait celui-ci de transmettre ses biens aux objets de ses affections.

Ces explications supportent-elles toutes également un examen approfondi? Nous ne le pensons pas. Et d'abord, le droit de succession ne rend-il pas impossible l'occupation, loin d'en être le résultat organisé? Ne substitue-t-il pas un rapport de personne à personne au rapport de personne à chose qui constitue l'occupation? N'opère-t-il pas la dévolution à des personnes éloignées quant aux lieux, mais rapprochées par le sang, ne laissant plus de place à la prise de possession de ceux qui pourraient être à portée des biens, lors du décès du propriétaire? Enfin, quand même on voudrait dire que la loi statue *de eo quod plerumque fit*, et qu'en général ce sont les parents plus proches en degré qui se trouvent dans la maison du *de cujus* à son heure dernière, et qui, en conséquence, acquièrent la propriété de ses biens lorsque lui-même la perd, resterait toujours cette objection capitale : que l'occupation ne doit être admise par la loi qu'à regret, et seulement dans les cas où elle est absolument indispensable; parce qu'elle n'est pas juste, et qu'elle heurte de front le principe, *à chacun selon ses mérites*, base de toute équité, qui proscrit toute occupation à titre gratuit, et qui ne la légitime que lorsqu'elle constitue la rémunération du travail.

Cette idée, du reste, a laissé peu de traces dans l'histoire : on peut seulement citer comme un de ses effets l'usucapion *pro herede* en droit romain ; encore l'explication que nous en avons donnée dans notre travail sur la pétition d'hérédité, en réduit-elle considérablement la portée ; peut-être aussi peut-on y rattacher, mais d'une manière plus problématique encore, le privilége de masculinité qui donne au sexe le plus fort, dans certaines coutumes germaniques, le droit à l'héritage.

13. La deuxième explication du droit de succession est beaucoup plus conforme aux notions historiques et aux idées généralement répandues dans la société actuelle.

Les héritiers présomptifs, au moins de certaines qualités, ont, dit-on, un droit sur les biens de leur auteur, de son vivant même, droit sujet à des éventualités qui lui enlèvent beaucoup de sa certitude, droit actuel cependant, et que la succession testamentaire blesse, quand elle est dévolue à des étrangers : ce droit, selon les uns, n'est que la corrélation de l'obligation qui existe entre parents, de se fournir soit des aliments, soit même un genre de vie conforme à leur position sociale et à leurs relations de famille. Selon d'autres, le droit de succession résulte de l'intention qu'avait le *de cujus* lors de l'acquisition de ses biens ; c'était pour ses héritiers, ou tout au moins pour ses enfants qu'il travaillait et qu'il acquérait, et cette intention constitue pour eux une espérance légitime d'être un jour propriétaires, bien plus, une sorte de droit de co-propriété sur le patrimoine du *de cujus*, capital social dont le père de famille est plutôt le gérant pour sa postérité et pour sa famille, que le propriétaire exclusif.

Cette espèce de société s'explique dans le droit romain, pour les héritiers siens au moins, par l'apport qu'ils font de toutes leurs acquisitions au patrimoine commun. Dans le droit germanique, on en trouve des traces dans la solidarité de défense et de vengeance de la famille ; dans le droit coutumier, c'est une idée semblable, qui sert de base à la succession aux propres, aux réserves coutumières et au retrait lignager.

Mais d'un côté, l'obligation alimentaire n'existe que s'il y a réellement besoin de la part de celui qui en est le créancier ; de l'autre, cette idée de co-propriété n'est guère compatible avec la libre disposition de ses biens dont jouit le *de cujus*, au moins dans le droit actuel. L'intention qu'on suppose au défunt d'acquérir pour sa famille, pas plus que l'obligation alimentaire, ne peut guère s'admettre qu'en ligne directe descendante, ou tout au plus ascendante, et ce n'est en effet que dans ces deux lignes que l'institution de la réserve vient donner un appui apparent à cette opinion. Et cet appui lui-même laisse voir son peu de solidité, si l'on étudie la réserve du droit actuel, bien moins semblable par son idée fondamentale aux réserves coutumières, qu'à la légitime du droit romain.

Enfin le même argument que nous avons opposé à l'idée d'occupation, droit absolu des héritiers, vient encore s'opposer à l'idée de co-propriété de ceux-ci, qui leur conférerait un droit combiné avec celui du défunt; il n'y a pas justice à leur accorder ce droit, car ils ne l'ont pas gagné ; et la présomption de travail ou de mérites personnels qui sert de base au droit de propriété, serait encore ici absolument inapplicable.

14. Mais si nous repoussons ainsi tout droit résidant dans la personne des héritiers, ce n'est pas pour abolir la transmission successorale, dont l'utilité actuelle est si évidente.

L'origine légitime de la propriété est dans le travail : l'héritier qui n'a pas travaillé n'a donc aucun droit; mais le défunt qui a travaillé, en a acquis au contraire ; il est propriétaire, il a donc le droit de disposer en faveur de ceux qu'il aime : et s'il n'exprime pas à ce sujet sa volonté formelle, la loi le fait à sa place en la supposant gouvernée par l'affection qui doit régner dans les familles ;

bien plus, elle exige que cette volonté soit sage et bien réglée ; et, dans certains cas même où elle a été exprimée, si elle est contraire à l'ordre naturel des affections, elle l'annule ou la modifie, comme pervertie dans une certaine mesure, au moyen de réserves, imitation de la *querela inofficiosi testamenti* du droit romain, et la ramène à ce qu'elle aurait été, si des causes inconnues et illicites ne l'avaient pas égarée.

15. De graves conséquences, quant au droit de représentation, découleront de l'adoption par la législation de telle ou telle base du droit de succession.

L'idée d'occupation tendra à faire régler la dévolution de la succession uniquement par la proximité ; proximité de lieu d'abord et fait de la possession, ensuite proximité d'après le sang et le degré de parenté ; dès lors, pas de représentation possible ; les fils ou les frères excluent les petits-fils ou les neveux, même si le père de ceux-ci est prédécédé.

Si l'idée de co-propriété des héritiers présomptifs du vivant du *de cujus* domine dans la législation, chaque fils, chaque frère, chaque parent même aura, avant l'ouverture de la succession, un droit actuel, quoique soumis à certaines éventualités ; s'il meurt avant le *de cujus*, il transmettra lui-même ce droit à ses héritiers, et spécialement à ses enfants qui, succédant à son droit, viendront le représenter dans la succession à laquelle il était appelé ; mais c'est en vertu du droit de leur auteur, droit trouvé dans sa succession qu'ils concourront ainsi avec les héritiers de degrés plus proches qu'eux ; si donc ils ont renoncé à cette succession, la représentation ne sera pas admise ; de même, si leur auteur avait, dans sa personne, une incapacité de succéder au *de cujus*, ou quelque condition à remplir pour exercer son droit, ses descendants ne seront pas appelés plus que lui, ou devront supporter les mêmes charges que lui-même ; et réciproquement, puisqu'ils se présentent plutôt comme ayants-droit d'un héritier présomptif, que comme successibles eux-mêmes, ils ne seront pas soumis aux devoirs qui les obligeraient s'il venaient de leur chef à la succession, ni aux prohibitions qui les en excluraient.

Enfin, si, comme nous croyons qu'on doit le reconnaître, conformément au droit naturel et à l'équité, c'est l'affection qui sert de base et de règle au droit de succession, il arrivera que, dans certains ordres de parents, ceux des descendants, par exemple, et des collatéraux les plus rapprochés, le successible mort sera remplacé dans l'affection du *de cujus* par ses descendants, qui viendront ainsi prendre la place et la part qu'il aurait eue s'il eût survécu ; mais ce sera en vertu de l'affection que lui portait *à lui-même* le défunt, que le petit-fils représentera le fils, que le neveu représentera le frère : c'est donc en vertu de son droit propre qu'il succédera, et c'est du représentant et non pas du représenté qu'il faudra exiger la capacité de succéder au *de cujus*, ou l'accomplissement des conditions qu'impose l'acceptation de la succession, sans parler de celles que pourra ordonner la loi pour maintenir l'égalité entre les diverses branches de la même famille.

16. Nous avons justifié en équité notre définition de la représentation : nous allons maintenant la justifier d'après les principes mêmes du Code Napoléon.

D'abord, les discussions préparatoires, les discours au tribunat et au Corps législatif, prouvent que c'est bien sur l'affection présumée du *de cujus* que les rédacteurs ont fondé le droit de succession, et, par suite, la représentation : « La loi, » disait Chabot, en présentant le projet au tribunat, « n'a d'autre « office à remplir que de suppléer la volonté de « l'homme qui est mort sans l'exprimer....... Dans « l'ordre des affections, » dit-il plus loin, « il existe « une représentation réelle qui met les enfants à « la place des pères qui sont décédés, et reporte « sur eux toute la tendresse de la famille. »

Cependant l'article 739 donne une définition de la représentation différente de la nôtre.

Art. 739. — La représentation est une fiction de la

loi, dont l'effet est de faire entrer les représentants dans la place, dans le degré et les droits du représenté.

Mais cette définition nous paraît mériter les attaques qu'on a dirigées contre elle ; d'abord, elle contient le mot défini et donne lieu ainsi à un cercle vicieux : car ce n'est que si l'on sait le sens du mot *représentation* que l'on connaît celui des mots *représentants* et *représenté* ; elle est incomplète, en ne supposant que le cas où il y a plusieurs représentants ; enfin, elle est inexacte quand elle parle d'une *fiction de la loi* et des *droits* du représenté.

La loi, en effet, n'a pas besoin de feindre pour ordonner ; et quel serait d'ailleurs l'objet de cette prétendue fiction ? ce n'est pas une supposition, mais bien une réalité que la conformité de la représentation à l'affection naturelle du *de cujus*, et nous croyons voir une contradiction flagrante dans le langage du tribun Chabot : « cette représentation » admise par la loi n'est qu'une *fiction ;* mais elle » est une image *réelle* de la vérité. » Suppose-t-on que le représentant est au degré du représenté ? mais à quoi sert ? la loi a le pouvoir de faire concourir des parents de degré différent, et même de préférer au plus proche le plus éloigné. Si, enfin, la fiction consiste, comme semblerait l'indiquer la suite de l'article, à faire entrer le représentant dans les *droits* du représenté, il y a inexactitude dans la pensée et non plus seulement dans les termes : le représenté décédé avant le *de cujus* n'a jamais eu de droits ; d'ailleurs, dès que c'est l'affection du défunt qui sert de titre au représentant, comme elle lui est personnelle, c'est de lui-même, et non du représenté qu'il tient ses droits ; c'est ce que prouve d'ailleurs l'art. 766 2°, qui permet de représenter une personne, même si l'on a renoncé à sa succession, et si par conséquent on ne peut plus profiter de ses droits.

Nous croyons donc qu'à la définition de l'article 739 on doit préférer celle-ci : la représentation est la vocation d'un ou de plusieurs descendants d'un héritier présomptif prédécédé, au degré et à la part qu'il aurait eus s'il eût survécu au *de cujus*.

C'est cette définition dont nous allons examiner les applications et les conséquences.

TITRE PREMIER.

CONDITIONS DE LA REPRÉSENTATION.

17. Pour que la représentation soit possible, il faut que certaines qualités se rencontrent, soit dans le représentant, soit dans le représenté. Ce

sont ces qualités nécessaires que nous avons à reconnaître, avant d'examiner les effets de la représentation, soit quant à la vocation à la succession, soit quant à la liquidation de celle-ci.

CHAPITRE PREMIER. — Du représentant.

18. Le représentant, nous l'avons vu, tient son droit de la loi, ou plutôt de la volonté, présumée par la loi, du *de cujus*, et dictée par l'affection que celui-ci lui portait : cette affection étant personnelle, et le représentant succédant en réalité lui-même au défunt, c'est dans sa personne qu'il faut chercher la capacité de succéder, et réciproquement cette capacité suffira pour la vocation à la succession.

Il faut donc, et il suffit que le représentant soit vivant naturellement et civilement lors du décès du *de cujus*, ou du moins qu'il soit conçu et que plus tard il naisse viable.

Il faut de plus, pour que sa vocation subsiste, qu'il ne soit pas indigne, c'est-à-dire qu'il ne soit pas dans un des cas prévus par les art. 727 à 730. C. Nap. Remarquons, du reste, que cette indignité devrait être considérée dans les rapports du représentant avec le défunt, et non avec le représenté. Ainsi, quelque odieuse et quelque dangereuse que puisse paraître la représentation de la victime par son fils parricide, il faut néanmoins arriver à la permettre, car ce n'est pas du représenté que le représentant tient ses droits.

Par suite du même principe, on peut représenter celui à la succession duquel on a renoncé : c'est ce que dit formellement l'art 744 dans sa deuxième et dernière proposition.

Chapitre II. — Du représenté.

19. Quelles sont les qualités nécessaires pour qu'une personne puisse être représentée ?

Il faut et il suffit qu'elle soit morte naturellement ou civilement (1).

Dès que la place du représenté est vacante dans la famille, dès que l'affection du *de cujus* ne peut plus se porter sur lui, ses descendants le remplacent et prennent ce que la volonté supposée du défunt a dû leur destiner à son défaut.

Supposons cependant celui qu'on veut représenter incapable de recevoir s'il eût vécu, ses enfants pourront-ils le représenter ?

Lorsque la pensée de co-propriété de la famille, et par conséquent de transmission par le prédécédé de ses droits éventuels à la succession du *de cujus*,

(1) La mort civile a été abolie par la loi du 31 mai 1854, mais beaucoup de droits nés avant cette loi, et qu'elle a dû respecter, peuvent être encore soumis à un règlement judiciaire.

dominait la législation, quand c'était sur cette idée d'origine germaine et coutumière, au moins autant que sur l'idée romaine de l'ordre des affections que se basait le droit de représentation, on comprend que cette transmission de droits éventuels fût arrêtée, quand ces droits étaient anéantis par une incapacité quelconque. Cependant les anciens auteurs distinguaient, et, s'ils refusaient la représentation des personnes frappées de certaines incapacités originelles, perpétuelles, absolues, ils la permettaient, au contraire, s'il y avait seulement déchéance accidentelle, temporaire ou pénale.

On peut citer, comme exemple des premières, le sexe, dans les pays où les filles étaient exclues totalement ou partiellement (1) ; dans la seconde catégorie on range l'exhérédation. Quant à l'indignité, les auteurs étaient unanimes pour y reconnaître une déchéance purement pénale, et pour permettre la représentation de l'indigne, mort avant le *de cujus*.

A plus forte raison doit-il en être de même selon nous, maintenant que c'est uniquement sur l'affection qui existe entre le représentant et le *de cujus* que la représentation est basée ; le représentant ne vient plus aux droits du représenté ; peu importe donc que celui-ci ne fût pas capable d'en avoir.

(1) Cout. de Normandie, art. 248.

Cependant l'art. 730 semble s'opposer à cette solution, et certains auteurs en concluent *à contrario*, que les enfants de l'indigne, quand ils invoquent le secours de la représentation, sont exclus pour la faute de leur père (1); M. Siméon, en présentant le projet de loi, au nom du Tribunat, au Corps Législatif, semblait dire aussi que les enfants de l'indigne ne pouvaient représenter l'*odieuse tête* de leur père.

Mais pour cela, il faut que cette tête soit reconnue *odieuse*, que l'indigne soit déclaré tel; et il ne peut l'être qu'après la mort du *de cujus* : car l'indignité est, non une incapacité, mais une exclusion, et on ne peut exclure que d'une succession déjà dévolue : de plus son caractère pénal empêche qu'elle soit prononcée contre un mort. Celui qui avait en lui une cause d'indignité pourra donc être représenté par ses enfants, car il ne sera pas indigne dans le sens légal du mot. L'art. 730 ne s'applique donc qu'au cas où l'indigne est vivant, a appréhendé la succession, et en a été exclu par décision judiciaire. C'est, aussi bien que l'art. 787, une application du principe posé par l'art. 744, 1°, qu'on ne peut représenter les personnes vivantes : ce qui prouve d'ailleurs que l'art. 730 suppose la vie de l'indigne lors de l'ouverture de la succession, c'est

(1) Merlin (Rép. v° Représ., sect IV, § 3, n° 7). M. Duranton (VI, 131). M. Mourlon (II, p. 30).

la disposition par laquelle il le prive de l'usufruit légal sur les biens de cette succession recueillis par ses enfants. Enfin l'argument qu'on voudrait tirer *à contrario* de l'art. 730 tombe quand on remarque que sa rédaction est tirée de ce passage de Pothier (1) : « Tout ce que nous avons dit touchant « les enfants de l'exhérédé reçoit pareille applica« tion à l'égard des enfants de l'indigne. C'est pour« quoi on doit pareillement décider qu'ils ne « peuvent succéder par représentation, s'il est « vivant, mais qu'ils le peuvent s'il est prédé« cédé. »

20. S'il existe de l'incertitude sur le décès d'une personne qu'on demande à représenter, il faut se reporter aux principes de l'absence et appliquer les art. 135 et 136, d'après lesquels, si un droit s'ouvre au profit d'une personne dont l'existence est incertaine, ce droit est dévolu à ceux qui l'auraient recueilli à son défaut ; la représentation sera donc admise : il serait d'ailleurs singulier de voir ceux qui prétendent concourir avec les enfants de l'absent ou les exclure, argumenter à la fois de l'existence de celui-ci pour repousser la représentation, et de son décès pour prendre la part qui lui serait dévolue, s'il eût été vivant lors de l'ouverture de la succession (2).

(1) Succ., ch. II, sect. 1, art. 1, § 2.
(2) Conf. Paris, 27 janvier 1812.

21. Supposons maintenant que celui qu'on demande à représenter soit vivant, soit qu'il ait renoncé à la succession, soit qu'il en ait été déclaré indigne. L'art. 744, 1°, vient s'opposer à cette prétention, ainsi que les art. 730 et 787; mais cette solution, qui serait logique en partant de la théorie du droit de copropriété des héritiers présomptifs, nous paraît contraire à celle du Code, qui l'a admise plutôt par tradition que par raisonnement.

En droit romain, le fils héritier sien ne pouvait renoncer : on comprend donc qu'il ne pût être représenté, puisque la succession n'était pas vacante; mais lorsqu'il n'était pas appelé à l'hérédité, si par exemple, il était émancipé, rien n'empêchait, au moins dans l'origine, ses enfants de venir concurremment avec ses frères, prendre la part qu'il aurait eue sans sa *capitis deminutio*.

Dans le droit coutumier, au contraire, on comprenait que la représentation ne fût pas possible quand le représenté renonçait aux droits qu'il eût pu transmettre à ses descendants. Dans le système du Code, basé sur l'ordre des affections, il semble que l'on eût dû abandonner cette règle, puisque l'affection de l'aïeul se portant du fils sur le petit-fils, le *de cujus* a dû vouloir que sa succession fût déférée à ce dernier, si l'enfant du premier degré ne l'appréhendait pas; en vain dira-t-on, comme M. Siméon en parlant au Corps Législatif, qu'on ne peut pas occuper une place déjà remplie par une personne vivante, car, comme le dit Prévost de la Jannès (1) cette place n'est pas occupée, quant à la succession, puisque le renonçant, réputé n'avoir jamais été héritier, lui est totalement étranger. A-t-on craint, comme l'indique Chabot, dans son discours au Tribunat, de permettre de frustrer ses créanciers, et d'exécuter des fidéi-commis frauduleux, en faisant passer à ses enfants une succession, dont on leur procurerait ainsi le bénéfice sans prendre soi-même le titre d'héritier? Mais le même inconvénient peut se produire, si le renonçant est seul de son degré, car son refus déférera également l'hérédité à ses enfants, qui viendront alors de leur chef.

Le seul motif qui ait probablement touché le législateur, c'est que la solution donnée était conforme à la jurisprudence antérieure. Quoi qu'il en soit, la décision est formelle, et une observation de M. Jollivet, membre du conseil d'Etat, qui craignait qu'elle ne permît à un individu de renoncer en haine de ses enfants et de ses héritiers, resta sans effet aussi bien que sans réponse.

Pour nous, nous avons démontré notre proposition primitive : quant au représenté, il faut et il suffit qu'il soit mort naturellement ou civilement avant le *de cujus*.

(1) *Loc. cit.* V. page 112, note 2.

TITRE II.

EFFETS DE LA REPRÉSENTATION QUANT A LA VOCATION A LA SUCCESSION.

22. L'ancien droit, nous l'avons vu, reconnaissait deux sortes de représentation : la première ayant pour effet d'appeler à la succession des personnes qui, sans elle, n'y auraient pas eu droit, la seconde produisant le partage par souches, et ces deux espèces de représentation, quoique se trouvant ordinairement réunies, pouvaient cependant exister indépendamment l'une de l'autre.

Il n'en est point ainsi dans notre droit actuel : le partage par souches a lieu, dès que la représentation est admise, et réciproquement. Cependant, nous verrons séparément les effets de la représentation quant à la vocation à la succession, c'est-à-dire en faveur de quels successibles elle peut être admise, et quant à la liquidation et au partage, ce qui comprendra les rapports, et la division par souches.

Nous commençons par étudier ce qui se passe dans les successions régulières.

CHAPITRE PREMIER. — Des successions régulières.

23. Dans les successions régulières, trois lignes de parenté peuvent se présenter : descendante, ascendante et collatérale. Nous parlerons d'abord de la ligne descendante, puis de la ligne collatérale; quant à la ligne ascendante, le Code Napoléon n'admet pas plus que les législations antérieures, la représentation en sa faveur : l'affection, qui se porte d'un fils sur ses enfants, ne se reporte pas du père sur le grand-père, qu'on a connus tous deux simultanément et qu'on aime chacun d'une amitié indépendante. Ainsi, après la fente entre les deux lignes paternelle et maternelle (qu'il ne faut pas confondre, du reste, avec une représentation du père et de la mère par les aïeuls), il n'y a ni représentation ni refente, et le plus proche ascendant dans chaque ligne exclut toujours le plus éloigné. V. art. 741.

§ 1. *Ligne directe descendante.*

24. Basée sur les motifs ci-dessus développés, la représentation a lieu à l'infini dans la ligne directe descendante, et il en est ainsi, que ceux qui prétendent avoir droit à la succession soient entre eux à des degrés égaux ou inégaux du *de cujus*. Ainsi le pe-

tit-fils représente le fils pour concourir avec son oncle, et l'arrière-petit-fils représente le petit-fils, pour concourir avec le frère de celui-ci sur la part assignée à tous deux comme représentants du fils, leur auteur commun. On voit donc que le petit-fils représente tous ses ascendants successivement, et que c'est de degré en degré que la représentation remonte jusqu'au plus proche. La représentation n'a donc pas lieu *per saltum*. D'où résulte comme conséquence que tous les ascendants, même intermédiaires, et non-seulement le plus proche en degré, doivent être capables d'être représentés : nous en tirerons bientôt une autre conséquence quant aux rapports. (V. p. 183.)

25. A côté de la parenté véritable résultant du sang, se trouve dans nos lois une sorte de parenté fictive, qui donne aussi droit à la succession régulière : c'est l'adoption. L'adopté a sur la succession de l'adoptant les mêmes droits qu'un enfant légitime ; mais ses enfants doivent-ils être assimilés aux petits-enfants légitimes, et peuvent-ils représenter leur père à la succession de l'adoptant ?

Le représentant, avons-nous dit, tire son droit de lui-même et non du représenté. Les enfants de l'adopté peuvent-ils donc, de leur chef, venir à la succession de l'adoptant ? L'affirmative nous semble devoir être admise, comme elle l'est, du reste, généralement (1). Sans parler en effet de l'art. 348, qui prohibe le mariage entre ces descendants et l'adoptant, les art. 351 et 352, en empêchant le retour légal à celui-ci des biens par lui donnés à l'adopté, quand il en existe des descendants, montrent bien qu'il y a, quant aux droits de succession, une relation entre eux et lui. Le nom de l'adoptant ne se transmet, il est vrai, qu'aux enfants de l'adopté nés après l'adoption, mais à tous s'applique, selon nous, la véritable raison de décider ; c'est que, par l'adoption, l'adoptant a voulu se faire une véritable famille, capable de se perpétuer ; qu'il a voulu considérer l'adopté et ses enfants comme ses descendants légitimes. En ce sens, et dans l'intention, dans les affections de l'adoptant, l'adoption imite la nature. Les descendants de l'adopté doivent donc être admis à la succession de l'adoptant de leur chef, et par conséquent par représentation.

Mais l'adopté ne pourra représenter son père adoptif à la succession du père de celui-ci, qui n'a pas concouru à l'adoption, et qui peut n'avoir aucune affection pour le descendant que son fils s'est donné, peut être malgré sa volonté. L'art. 350 dé-

(1) M. Duranton (III, n° 314) ; M. Demante (C. anal., II, n° 85, 3°), Proudhon (II, p. 139) ; Toullier (n° 1013) ; Marcadé (art. 350, n° 4) ; Paris, 27 janvier 1824 et 26 mars 1830. Cass. 2 décembre 1822.

clare en effet qu'il n'y a aucun lien entre l'adopté et la famille de l'adoptant.

§ 2. *Ligne collatérale.*

26. En ligne collatérale, on pouvait douter si la représentation devait être admise : cependant on fit l'observation que celui qui n'a pas de famille, s'en fait ordinairement une de celle de ses frères : il regarde pour ainsi dire comme siens les enfants de ceux-ci. Les mêmes règles devaient donc être établies dans l'ordre des frères et sœurs et descendants d'eux, que dans celui des descendants. Le projet primitif, conforme au droit de Justinien, n'admettait la représentation qu'en faveur du neveu et non du petit-neveu. M. Berlier fit entendre de justes réclamations : « Un homme, dit-il, a un « neveu, fils de son frère Jean, un petit-neveu des- « cendant de son frère Paul, et, si l'on veut encore, « un arrière-petit-neveu, descendant de son frère « Philippe : ces divers enfants n'auront-ils pas le « plus souvent recueilli et partagé les caresses du « défunt? N'est-ce point là, par rapport à un homme « sans enfants, l'image de la primitive famille et « le tableau vivant qui lui rappelle tous ses frères. » Il fut en conséquence résolu, conformément à l'avis du tribunal d'appel de Lyon, que la repré-

sentation aurait lieu à l'infini en faveur des descendants de frères et de sœurs.

Nous ne pouvons comprendre comment on peut refuser ce droit aux neveux quand ils se trouvent en concours avec un enfant naturel, en tant qu'il a pour effet de réduire cet enfant naturel à une moitié seulement de ce qu'il aurait eu, s'il eût été légitime. Nous verrons en effet qu'il n'est pas vrai que la représentation n'ait pas lieu dans les successions irrégulières; mais, dans ce cas même, elle devrait être admise ici, car ces neveux, enfants légitimes des frères légitimes du défunt, sont des successeurs parfaitement réguliers, et si l'art. 757, parlant des ascendants et des frères ou sœurs, n'ajoute pas : ou descendants d'eux, cela ne prouve pas qu'il ne les ait pas compris dans sa pensée. En effet, M. Maleville et le consul Cambacérès firent ajouter ici les frères et sœurs, pour que des successeurs préférés dans l'ordre de succession aux ascendants, et concourant avec les père et mère, ne fussent pas, en présence d'un enfant naturel, moins bien traités qu'eux. La même inconséquence existera si, aux frères et sœurs ne sont pas assimilés les descendants d'eux. Nous croyons donc que l'enfant naturel, en présence de descendants de frères et sœurs, venant soit de leur chef, soit par représentation, n'aura droit qu'à la moitié de la succession (1).

(1) Voy. M. Duranton (VI, 288) ; M. Demante (C. anal., III,

27. Le projet de Code civil étendait la représentation aux enfants au premier degré des cousins germains. Cette disposition fut critiquée par le premier consul : « Les cousins germains, dit-il, « sont chefs de familles distinctes et séparées, « et ne se connaissent que comme individus. » En effet, ils n'ont pas cette communauté de souvenirs d'enfance qui existe entre frères, et qui réunit les familles dont ceux-ci deviennent les chefs : on ne peut dire du cousin, à l'égard du fils de son cousin, comme on disait de l'oncle à l'égard du neveu : *utitur vice parentis*. C'est donc avec raison, selon nous, qu'on borna la représentation aux descendants des frères et sœurs, conformément à l'avis du premier consul.

28. L'adopté n'a, nous l'avons dit, aucun droit sur les biens de la famille de l'adoptant ; mais les descendants de l'adoptant peuvent avoir certains droits sur une partie des biens de l'adopté ; si celui-ci meurt, en effet, sans descendants légitimes, les descendants légitimes de l'adoptant prennent les biens donnés par ce dernier à son fils adoptif, s'ils existent en nature, et même selon nous, les actions

n° 75, 7°) ; Zachariæ (IV, § 605) ; Merlin (Rép. v° Représ., sect. IV, § 7) ; Maleville (sur 757) ; Chabot (Succ. sur 757) ; Paris, 10 avril 1810, Rennes, 26 juillet 1813 : — *Contrà*, Grenier (Don., II, 668) ; Favard (p. 360) ; Malpel (n° 159) ; Vazeille (Art. 757, n° 6) ; beaucoup d'arrêts d'appel et Cass., 6 avril 1813, 20 février 1824, 28 mars 1833, 31 août 1847.

tendant à les recouvrer, ou à en toucher le prix. Nous croyons en effet que c'est la même idée qui a fait admettre ce droit de retour légal, et celui que l'art. 747 accorde à l'ascendant donateur. Ce droit de retour est une véritable succession régulière, puisque le *de cujus* et les successibles sont unis chacun à l'adoptant par des liens légitimes, et suivant une ligne en quelque sorte collatérale ; seulement ici c'est l'intention, non plus du *de cujus*, mais bien plutôt de l'adoptant donateur qui sert de base au droit de succession ; il y a donc analogie moins avec les successions collatérales, qu'avec la dévolution en ligne directe descendante ; et nous admettrons volontiers la représentation, pour faire partager les biens qui font retour par souches entre les descendants de l'adoptant.

CHAPITRE II. — Des successions irrégulières.

29. Les successions irrégulières sont celles où le successible n'est pas uni au *de cujus* par un lien de parenté légitime. Nous n'avons à nous occuper ici que du cas où son droit est fondé sur une parenté illégitime.

Nous distinguerons, comme dans les successions régulières, la ligne directe et la ligne collatérale.

§ 1. *Ligne directe descendante.*

30. En ligne directe, les enfants ou descendants de l'enfant naturel, dit l'art. 759, peuvent réclamer les droits fixés par les articles précédents (757 et 758). De plus, selon nous, même quand l'enfant naturel est indigne ou renonçant, ses enfants doivent venir de leur chef, mais à condition que la succession arrive à leur degré. Quoi qu'il en soit, les mots : en cas de prédécès, et les paroles de Chabot, s'adressant au tribunat (1), indiquent bien clairement que la représentation pourra avoir lieu au profit des enfants et descendants de l'enfant naturel à l'infini, dans les mêmes termes et sous les mêmes conditions que dans les successions régulières.

31. Mais si l'enfant naturel peut être représenté, nous n'admettrons pas qu'il puisse être représentant. D'après l'art. 756, il n'a aucun droit sur les biens des parents de son père ou de sa mère ; il ne peut donc représenter ceux-ci à la succession de ceux-là, d'après le principe précédemment posé, que pour être admis à la représentation, il faut avoir une vocation propre à la succession du *de cujus*.

(1) Fenet (XII, p. 194).

Cependant les travaux préparatoires du Code Napoléon pourraient faire supposer qu'on a dérogé à cette règle, au cas où le père de l'enfant naturel est enfant naturel lui-même. Le consul Cambacérès et M. Berlier admirent tous les deux dans la discussion que l'enfant naturel pouvait représenter son père pour partie : « L'enfant naturel, dit le consul, « a droit à un tiers d'une part héréditaire dans la « succession de son père ; l'article transmet ce droit « à ses descendants ; or s'il n'a que des enfants « naturels, ils n'auront qu'un neuvième dans la « succession de leur aïeul. »

Ce raisonnement nous semble peu exact ; même en en admettant le principe, on devrait dire : Les enfants naturels de l'enfant naturel ne se trouvant en concurrence, sur la part de leur père, ni avec des frères, fils légitimes de leur père naturel, ni avec des ascendants de celui-ci, ni avec des collatéraux, car leur père, enfant naturel, n'a pas de lien avec la famille de ses ascendants, représenteront leur père pour le tout d'après l'art. 758. Mais il y aurait toujours un obstacle invincible à cette solution, c'est qu'aucun texte de loi n'est venu donner raison à MM. Cambacérès et Berlier, et faire exception à la règle formelle de l'art. 756. D'ailleurs la solution que nous rejetons, conforme à l'idée de double transmission, qui pouvait être la base ancienne de la représentation, serait contraire à la volonté présumable du *de cujus*, qui en est aujourd'hui le fondement.

§ 2. *Ligne collatérale.*

32. En ligne collatérale, nous trouvons deux sortes de successions irrégulières indiquées dans l'art. 766, l'une en faveur des enfants légitimes des parents naturels du défunt, appelés par la loi frères et sœurs légitimes, comprend ce qui a été donné à l'enfant naturel par ses auteurs ; l'autre fait dévolution du reste de l'hérédité aux enfants naturels de ces mêmes parents, appelés frères et sœurs naturels, et à leurs descendants ; comment ces deux ordres doivent-ils être organisés, et plus spécialement la représentation doit-elle y être admise ?

Quant à la succession des enfants légitimes des parents naturels, nous devons trouver la solution de notre question dans l'idée du législateur et dans le but qu'il s'est proposé ; or, nous voyons dans la discussion préliminaire, que M. Tronchet et le consul Cambacérès demandèrent l'introduction de cette disposition dans le projet primitif, pour présenter aux enfants légitimes une compensation de ce qu'ils ont perdu dans la succession de leur père, par la part qui a été donnée à leur frère naturel ; il y a donc ici comme un retour des biens donnés à la succession du père, et comme, si la donation n'eût pas eu lieu, les enfants du père n'auraient succédé qu'à ce qui vient du père, et ceux de la mère qu'à ce qui vient d'elle, il faut admettre ici la division en deux lignes, et la maxime de l'ancien droit *paterna paternis, materna maternis*. Par conséquent, en vertu de l'esprit de la loi, et malgré les termes de l'art. 766, nous accorderons aux enfants légitimes d'un des auteurs du *de cujus*, le droit de succéder à ce qui vient de cet auteur, même si l'autre auteur n'est pas prédécédé ; et réciproquement, nous refuserons aux enfants d'un des auteurs tout ce qui vient de l'autre, même si celui-ci est décédé sans laisser d'enfants.

Maintenant la représentation permet-elle d'appeler à cette espèce de succession les enfants au second degré de l'auteur dont l'enfant naturel a reçu les biens qu'il laisse? La représentation, avons-nous dit, ne donne pas la vocation, mais le degré seulement; pour en profiter, le représentant doit être appelé lui-même par la loi; si l'on ne considérait que le texte, on serait disposé à refuser aux neveux du *de cujus* tout droit, qu'ils prétendissent venir de leur chef, ou par représentation (1). Cependant certains auteurs distinguent,

(1) Voy. dans ce sens : Grenier (Don., II, 677) ; Malpel (164, 3°).

et les admettent dans ce dernier cas (1); d'autres (2) font une sous-distinction et admettent la représentation quand il y a déjà un enfant légitime au premier degré du père naturel, pour faire concourir avec lui les descendants d'un autre enfant légitime de celui-ci; en effet, dit-on, il y a ici véritablement recouvrement d'une portion de la succession de l'auteur commun, or il ne faut pas que, dans cette succession, l'égalité entre les diverses branches puisse être rompue.

Il nous semble que c'est ce motif qui doit décider la question; il y a ici, dans l'esprit du législateur, une nouvelle succession, annexe de celle de l'ascendant commun, et devant se partager d'après les mêmes règles; dès lors, à notre avis, les descendants à l'infini des enfants de celui-ci doivent être appelés, soit de leur chef, soit par représentation; si les termes de l'art. 766 nous manquent, nous avons ceux de l'art 351, qui parle des descendants, et sur lequel on doit raisonner à *pari* et non à *contrario*, car nous ne voyons aucune raison de différence. Quant à la fin de l'article, nous croyons qu'on doit en tirer un argument semblable, car si le Tribunat a demandé qu'on y parlât des descendants des frères et sœurs naturels, qui

(1) M. Duranton (VI, 337); Chabot (art. 766, 5°; Toullier (IV, n° 269, 1°); Vazeille (art 766, n° 3); Marcadé (art. 766, 2°).

(2) M. Demante (C. anal., III, 86, 4°).

n'étaient pas mentionnés dans le projet, c'est « pour « que le texte de la loi comprît toute la latitude « qui est dans son esprit. » Nous ne pensons donc pas qu'on puisse arguer de ces mots, ajoutés pour se conformer à l'intention du législateur, contrairement à l'intention que ce même législateur avait bien certainement dans la première partie de l'article ; nous renvoyons à ce que nous avons dit au commencement de ce chapitre, quant à l'objection qui pourrait être faite, que la représentation n'a pas lieu dans les successions irrégulières.

233. Le reste de ce qui appartenait à l'enfant naturel décédé est dévolu à ses frères et sœurs naturels, ou plus exactement aux enfants naturels de ses père et mère, et à leurs descendants ; nous ne pensons pas qu'il faille ici distinguer entre les deux lignes paternelle et maternelle, pour faire prendre aux germains dans les deux lignes, aux consanguins et aux utérins dans une seule. On ne comprendrait pas, en effet, si cette division avait lieu, que les enfants légitimes des ascendants naturels du *de cujus* fussent empêchés de prendre part dans leur ligne par leur titre de légitime. Le motif du législateur a été ici de dédommager les enfants naturels de leur incapacité de succéder à leurs frères, enfants légitimes ; il a pensé d'ailleurs que le *de cujus* aurait une affection toute spéciale pour ceux qui partagent avec lui le malheur d'une nais-

sance illégitime : or tous sont dans la même catégorie, et il n'y a pas de raison de donner plus à ceux qui lui sont unis par un double lien. On voit enfin que les termes du projet, « elle (cette succes« sion) est recueillie conformément aux règles gé« nérales des successions », ont été retranchés avec la disposition qui faisait concourir les frères légitimes avec les naturels (1).

Mais la représentation sera, selon nous, admise en faveur des descendants des frères et sœurs naturels du défunt, car il y a mêmes raisons que dans les successions régulières de même ordre, de supposer que les enfants ou descendants représentent dans l'affection du *de cujus* les frères et sœurs qu'il a perdus.

Du reste, les descendants dont parle l'art. 766, ne sont que les descendants légitimes ; nous ne croyons pas qu'on puisse étendre jusqu'aux enfants naturels des frères et sœurs naturels, la dérogation que fait notre article à la règle de l'art. 756 qui refuse aux enfants naturels tout droit sur les parents de leur père ou mère.

(1) Voy. dans ce sens : MM. Ducaurroy, Bonnier et Roustain (II, n° 540).

TITRE III.

EFFETS DE LA REPRÉSENTATION QUANT A LA LIQUIDATION DE LA SUCCESSION.

34. La liquidation de la succession se compose de deux opérations successives, la formation de la masse, puis son partage entre les divers successibles en proportion de leurs droits.

CHAPITRE PREMIER. — Des rapports.

35. La masse à partager se compose d'abord des biens laissés par le défunt, dont on défalque les dettes ; au résultat de cette soustraction, on ajoute ce que chaque cohéritier a reçu du défunt à titre gratuit, à moins de clause de préciput : c'est ce qu'on appelle le rapport.

Nous avons vu que le représentant vient à la succession en vertu de la vocation qui lui est propre ; c'est lui qui est véritablement héritier ; nous avons réfuté l'opinion qui, regardant la représentation comme une fiction, considère le représentant comme agissant en vertu des droits du représenté, et le représenté comme succédant, par suite de cette fiction, au profit du représentant. Nous croyons donc, avec tous les auteurs, du reste, sauf un seul (1) que le représentant doit rapporter ce qu'il a reçu lui-même du *de cujus*.

36. Il doit de plus, en vertu de l'art. 848, rapporter ce que celui qu'il représente a reçu du défunt, et cela, qu'il ait ou non renoncé à la succession du représenté ; cette dernière considération suffit pour faire tomber l'argument qu'on tire de cette disposition, dans le but de dispenser le représentant du rapport de ce qu'il a reçu ; s'il rapporte ce qu'a reçu le représenté, c'est, dit-on, qu'il agit aux droits de celui-ci, et non *proprio nomine ;* la preuve que ce n'est pas là le motif de la loi, c'est qu'il doit ce rapport, même quand il a renoncé à tous droits venant du représenté, en répudiant sa succession. Quel est donc le motif qui a dicté l'article 848 ? c'est, selon nous, le désir de maintenir l'égalité entre les diverses branches de la famille ; il est naturel, dès lors, que, dans tous les cas où cette égalité doit régner, c'est-à-dire quand il y a lieu au partage par souches, résultat de la représentation, le rapport de tout ce qui a été donné, non-seulement au successible, mais à sa branche, vienne permettre d'arriver à cette égalité ; et peu importe, dans ce cas, qu'il ait renoncé ou non à la succession de ceux qu'il représente. Au contraire,

(1) M. Marcadé (art. 848, 2°).

lorsque les appelés viennent de leur chef, ils partagent par tête, et c'est l'égalité entre les successibles et non entre les branches que la loi veut établir ; il est donc juste et naturel que le rapport ait lieu de ce qui a été donné, non pas à la branche, mais seulement aux successibles eux-mêmes.

37. De ce principe résulte que le représentant doit rapporter ce qui a été donné, non-seulement à lui-même, mais à la branche entière dont il descend, c'est-à-dire à celui dont il prend le degré par représentation, et à ceux qui occupaient tous les degrés intermédiaires ; nous avons, du reste, montré plus haut que la représentation a lieu de degré en degré, et non *per saltum* ou *omisso medio* (1).

CHAPITRE II. — Du partage.

38. La masse une fois formée, il s'agit de la partager : entre cohéritiers au premier degré ou même de degrés inférieurs, s'ils viennent tous de leur chef et sans représentation, le partage se fait par tête, en accordant à chacun une part égale. Mais s'il y a lieu à représentation, la loi pensant avec raison que l'affection du défunt se reporte de ses enfants ou de ses frères sur les descendants de ceux-ci, suppose par conséquent qu'il a voulu

(1) M. Demante (C. anal. III, 181, 2°). — *Contrà*, MM. Duc Bonn. et Roust (II, n° 701).

qu'à défaut de leurs ascendants, ses petits-fils, ou ses neveux, succédassent subsidiairement à une part identique : le partage se fera donc, non par tête, également entre tous les cohéritiers, mais par souches; tous les cohéritiers descendant du même fils ou frère du défunt, et le représentant, compteront pour une seule tête, et c'est entre les groupes composés d'un nombre plus ou moins grand de cohéritiers que le partage se fera également; sauf si, dans le groupe, il y a encore des cohéritiers de degrés différents, à subdiviser entre les divers petits-enfants ou les séries qui les représentent, la part afférente au groupe tout entier, et ainsi de suite, de manière que l'égalité de part existe entre tous les groupes d'abord, puis dans chaque groupe entre les séries, et dans chaque série entre les sections ou les individus.

Cette division par souches a lieu toutes les fois qu'il y a représentation et n'a lieu que quand celle-ci est admise. Art. 740, 742, 743, 787, et en posant ainsi ce principe absolu, le Code rejette plusieurs conséquences qu'adoptait l'ancien droit.

30. Ainsi, il n'y a plus qu'une seule espèce de représentation, ayant un double effet, quant à la vocation à la succession, et quant au partage par souches. Il ne nous est donc pas possible de partager la succession par souches, comme le faisait Pothier, entre les petits-fils du défunt, venant de leur chef

au cas où la renonciation ou l'indignité des enfants du premier degré exclut la représentation. Le principe de l'art. 787 ne souffre pas d'exception.

Réciproquement, il faut rejeter aussi l'opinion ancienne de la jurisprudence, favorable à la doctrine d'Azon, qui, comme nous l'avons vu, voulait qu'entre neveux du défunt, venant à défaut de frères et sœurs, le partage eût lieu par têtes et non par souches ; la représentation n'étant pas, disait-il, nécessaire, puisque tous les successibles étaient au même degré. Et cependant les travaux préparatoires du Code Napoléon semblent impliquer l'adoption de cette idée ; à une observation, dans ce sens, de M. Treilhard, M. Tronchet répondit en ces termes : « La représentation est « une fiction admise pour empêcher l'exclusion « d'un héritier plus éloigné par un héritier plus « proche ; *elle n'a donc pas lieu lorsque tous les « héritiers sont au même degré*, et alors aussi, le « partage se fait par têtes ; mais il est inutile de « s'en expliquer, puisqu'il n'y a là qu'une consé« quence du principe, et que d'ailleurs, après avoir « indiqué, dans l'art. 26 (du projet), les cas où il « y a représentation, on indique dans l'art. 28, « ses effets par rapport au partage (1). » Mais, si les articles auxquels M. Tronchet se référait impli-

(1) Voy. Fenet (XII, procès-verbal de la séance du 2 nivôse an XI).

quaient l'adoption de son opinion, il en est tout autrement de la nouvelle rédaction qui en fut faite après ses observations elles-mêmes, à la suite de l'extension de la représentation aux petits neveux, et de son abolition pour les enfants du cousin germain : d'après l'art. 742 actuel : « la représentation « a lieu en faveur des enfants des frères et sœurs, « soit qu'ils viennent à la succession concurrem- « ment avec leurs oncles et tantes, soit que *tous les* « *frères et sœurs du défunt étant décédés*, la suc- « cession se trouve dévolue à leurs descendants en « degrés *égaux* ou inégaux. » Enfin l'art. 743 veut que dans tous les cas où la représentation est admise, le partage ait lieu par souches. Le texte de la loi est donc formel, et quoique les conséquences n'en semblent pas conformes à l'esprit dans lequel on l'a discuté, nous devons le respecter, et appliquer la doctrine d'Accurse citée plus haut, en faveur de la division par souches entre les neveux égaux en degré, venant, en cas de prédécès de tous les frères et sœurs, à la succession de leur oncle.

APPENDICE

SUR LA REPRÉSENTATION DANS LES SUBSTITUTIONS FIDÉICOMMISSAIRES, LES INSTITUTIONS CONTRACTUELLES ET LES PARTAGES D'ASCENDANTS.

§ 1. *Des substitutions fidéicommissaires.*

40. La question de savoir si la représentation pouvait avoir lieu dans les substitutions fidéicommissaires, c'est-à-dire si les enfants de l'appelé mort avant le grevé pouvaient profiter de la substitution, ou si au contraire, celle-ci devait être caduque dans ce cas, était fort controversée dans l'ancien droit français. Certains auteurs adoptaient cette deuxième opinion dans tous les cas : d'autres, seulement quand la désignation des appelés dans la disposition était nominative, et non pas quand elle était faite collectivement, au profit, par exemple, des enfants ou des descendants du grevé.

L'ordonnance d'août 1747 (1) vint décider qu'il n'y aurait pas représentation, à moins d'une disposition formelle en sens contraire.

Les substitutions, en opposition avec l'esprit

(1) Titre I, art. 21.

des lois révolutionnaires, furent prohibées par la loi des 25 octobre-14 novembre 1792 ; bien plus, celles déjà faites ne purent produire aucun effet.

Le code Napoléon, au contraire, permit de substituer, mais dans des limites très étroites, et maintenant, après le décret du 30 mars et le sénatus-consulte du 14 août 1806, après la loi du 17 mars 1826, qui avaient fait tomber, dans un but nobiliaire et aristocratique, une grande partie des prohibitions du code, nous sommes de nouveau soumis aux dispositions de celui-ci, en vertu des lois du 12 mai 1835, et des 7-11 mai 1849.

41. Le code, en déclarant nulle toute disposition grevée de substitution, n'a excepté de sa prohibition que les dons ou legs que ferait de sa quotité disponible un père ou une mère à un ou plusieurs de ses enfants, ou bien un frère ou une sœur à un ou plusieurs de ses frères ou sœurs (1), à charge par le donataire ou légataire, de rendre les biens donnés à ses enfants nés et à naître, au premier degré seulement. La loi a voulu permettre de préserver ses petits enfants ou ses neveux des résultats fâcheux de l'inconduite ou de la prodigalité de leur père ou de leur mère ; mais elle n'a pas voulu qu'on pût sous ce prétexte, changer en quoi que ce fût l'ordre naturel des successions, et avantager plus

(1) Dans ce dernier cas, sous la condition de mort sans enfants du donateur.

que les autres un des enfants du grevé, ou une des souches auxquelles il peut donner naissance. Elle a donc décidé que tous les enfants du grevé profiteraient de la substitution, et se la partageraient également ; bien plus, la représentation aura lieu entre eux à l'infini, et si un des appelés est décédé laissant des enfants, ceux-ci viendront appréhender, avec les appelés du premier degré, le profit de la substitution, et se le partageront par souches. Art. 1051.

42. Mais qu'arrivera-t-il s'il n'y a que des petits enfants du grevé? les mots *au premier degré* des articles 1048 et 1049 indiquent-ils qu'il ne peut y avoir qu'un degré de substitution, ou bien que les appelés ne peuvent être que les enfants au premier degré du grevé? C'est cette dernière opinion que nous adoptons ; il était inutile en effet de parler du degré de substitution ; et le code indiquant un seul ordre de grevés et d'appelés, et non une nouvelle charge de rendre grevant ceux-ci au profit de nouveaux appelés, il n'était pas besoin, selon nous, d'insérer les mots *au premier degré* pour empêcher une substitution graduelle. Ces mots ont donc trait au degré de génération ; de plus, ils indiquent à notre avis le premier degré de *parenté*, et non, comme certains auteurs l'ont supposé, le degré *en fait* le plus proche ; c'est-à-dire les petits enfants à défaut d'enfants, et ainsi de suite : le pre-

mier sens est effet bien plus naturel aux mots *premier degré*; s'il en était autrement, dans les art. 740 et 742, il n'y aurait jamais d'inégalité de degrés; car tous les représentants, n'étant primés par personne, sont *en fait* au degré *le premier*, le plus proche du *de cujus*; il s'agit donc, partout où la loi emploie le mot *degré*, des degrés de parenté, et non de la distance entre le *de cujus* et le successible, comptée en supprimant, comme on veut le faire ici, tous les degrés non remplis. Il en est de même dans notre article : si donc le grevé laisse des petits enfants et pas d'enfants, la substitution s'évanouira; cela résulte d'ailleurs de l'art. 1051, qui n'appelle les petits enfants que s'il y a aussi des enfants au premier degré.

Mais, pourra-t-on dire, cet article appelle les enfants du grevé par représentation, or nous avons vu qu'il n'y avait de représentation possible que quand le représentant avait déjà un droit personnel. Ces petits enfants ont donc une vocation personnelle à la substitution. D'abord, ce raisonnement conduirait à dire que les petits enfants peuvent profiter de la substitution même de leur chef, et sans représentation, si par exemple les enfants y avaient renoncé; en second lieu, nous ne croyons pas qu'il y ait ici analogie complète avec les successions *ab intestat*. Les substitutions ne sont pas favorables, et si l'art. 1051 donne vocation dans un cas aux petits enfants, c'est uniquement pour maintenir l'égalité entre les diverses branches : or cette égalité ne sera-t-elle pas bien mieux maintenue, et d'une manière bien plus conforme à l'esprit du code, si, la substitution défaillant, les petits enfants viennent s'en partager les biens, par souche, dans la succession *ab intestat* du grevé, considéré dès lors comme ayant toujours été propriétaire incommutable? L'exception de 1051, dans un seul cas, n'empêche donc pas que la substitution comprenne seulement les enfants au premier degré, et non les petits enfants du grevé, que ceux-ci prétendent venir de leur chef ou par représentation.

§ 2. *Institutions contractuelles.*

43. L'institution d'héritier ne pouvait, en droit romain, se faire que par testament ; une convention dans ce sens, même dans un contrat de mariage, ne produisait aucun effet obligatoire (1). Cependant, une Novelle de l'empereur Léon (2) valida la promesse faite par un père en mariant son fils ou sa fille, de l'instituer pour une portion égale à celle de ses autres enfants, mais cette Novelle ne fut bien

(1) L. 5, Cod. *de pact. convent. sup. dote.*
(2) Leon., nov. XIX.

connue en France que postérieurement à la rédaction des coutumes.

Les institutions contractuelles dérivent plus vraisemblablement des usages germains : les lois franques, en effet, au moyen des cérémonies usitées pour la translation des droits réels, cérémonies appelées *affatomia* par la loi salique (1), *adfatimus* par la loi Ripuaire, permettaient de se dépouiller de son avoir au profit d'un tiers, et de s'en investir de nouveau, mais viagèrement seulement. A la mort de l'ancien propriétaire, le nouveau lui succédait dans tous ses biens, et en cas de prédécès de celui-ci, la donation était caduque. Le droit romain, contraire à cette institution, ne fut pas assez influent pour l'empêcher de pénétrer dans les pays de droit écrit ; mais elle fut restreinte par l'usage aux contrats de mariage.

Ces institutions d'héritier en faveur du mariage, faites ordinairement au profit de l'un des époux ou de tous deux, et des enfants à naître du mariage, étaient usitées dans toutes les coutumes et même dans les pays de droit écrit ; mais dans les cas où, les époux étant décédés avant le donateur, les enfants nés du mariage étaient appelés à recueillir le bénéfice de la disposition, la représentation était-elle admise pour régler leur vocation et le partage

(1) Ch. 48. V. aussi 2e capit. de 809, ch. VI ; 3e capit. de 819, ch. X.

de la donation? L'ancien droit se prononçait en général pour l'affirmative, même dans le cas où le donateur était un collatéral ou un étranger, à cause de sa volonté présumée.

44. Le Code Napoléon, dans les articles 1081 et suivants, a rétabli les institutions contractuelles, qu'avait abolies la loi du 17 nivôse an II, maintenue sur ce point par la loi du 4 germinal an VIII, et nous pensons qu'il faut donner la même solution que l'ancien droit à la question qui nous occupe; qu'il s'agisse des véritables institutions contractuelles, ou donations de biens à venir, ou des donations cumulatives de biens présents et à venir, que nous aimerions mieux nommer des donations de biens à venir avec faculté de s'en tenir aux biens présents, que ce soient enfin des donations de biens présents, mais soumises à des conditions protestatives de la part du donateur : dans ces cas, il y a dérogation à la règle : *donner et retenir ne vaut*, qui résulte des art. 893 et 894. Il y a dérogation aussi au principe que les enfants non conçus sont incapables de recevoir, car ces donations peuvent et sont même présumées être faites aux enfants à naître du mariage; aussi, ne permet-on ces exceptions qu'à condition que l'égalité, entre les enfants, s'il y en a plusieurs, sera respectée, et qu'on observera les mêmes règles pour le partage, que dans les successions *ab intestat* qui

leur viendraient de leur parents, quoique en réalité ce soit, non pas de ceux ci, mais du donateur qu'ils tiennent leur investissement, par une sorte de substitution vulgaire faite en leur faveur pour le cas de prédécès des époux avant le donateur ; il faudra donc suivre les règles des successions en ligne descendante, appliquer la représentation, et diviser la donation par souches entre les enfants ou descendants provenant du mariage, qu'ils soient en degrés égaux ou inégaux ; seulement, comme la loi ne parle pas que des enfants *au premier degré*, ainsi que dans les substitutions, nous pourrons appliquer l'idée de souche et de représentation, quoiqu'il n'y ait, lors du décès du donateur, que des petits-fils et pas de fils des époux prédécédés.

45. Il en est ainsi, à notre avis, même dans l'espèce prévue par l'art. 1086, d'une donation de biens présents, sous conditions dépendantes de la volonté du donateur, ou encore dans les donations cumulatives de biens présents et à venir, si l'option a lieu en faveur des biens présents : article 1084. On dira, il est vrai, que dans ces deux cas, il y a donation de *biens présents*, c'est-à-dire donation *présente*, dépouillant actuellement le donateur au profit du donataire, c'est-à-dire des époux ; dès lors, les enfants nés du mariage ne peuvent tenir leur droit que de ceux-ci, qui en sont investis avant eux, et c'est dans leur succession,

et seulement s'ils l'acceptent, qu'ils peuvent trouver les donations auxquelles ils prétendent ; c'est ainsi, ajoutera-t-on, que l'art. 1086 se sert du mot *héritiers* et non du mot *enfants*. Il en résulte que les enfants nés du mariage ne doivent prendre la donation qu'en acceptant la succession de leurs parents, en contribuant à leurs dettes, et en obéissant à toutes les conséquences d'une succession par transmission.

D'après ce raisonnement, il faudrait aller plus loin, et faire profiter de la donation même les enfants issus de différents mariages, qui concourent sur la succession des époux avec ceux qui sont nés de l'union favorisée. Mais cette solution, pour être conforme à la logique, n'en serait pas plus exacte. En effet, il est faux que la donation, dans le cas de l'art. 1084, ou même dans l'espèce prévue par l'art. 1086, soit ou devienne rétroactivement une donation entre vifs ; une donation de *biens présents* n'est [illegible] donation *présente*. La loi a dérogé dan[illegible]pitre tout entier, à la règle qui exige un d[illegible]ment actuel aussi bien qu'irrévocable (art. 947) ; elle a permis de plus de disposer en faveur de personnes non encore conçues ; rien ne s'oppose donc à ce que les enfants à naître du mariage tiennent leurs droits du donateur sans l'intermédiaire de leurs parents. C'est ce que supposent les art. 1082, 1084, 1085, en parlant de donations faites *aux enfants à naître* : c'est ce qu'implique l'art. 1089, en ne rendant caduques les donations en faveur du mariage, que si le donateur survit aux époux donataires et à leur postérité, sans distinguer si cette postérité a ou non accepté la succession de ces époux, et en se référant, pour cette caducité, aux trois articles 1082, 1084, 1086. La substitution vulgaire a donc lieu en faveur des enfants à naître du mariage, en cas de prédécès de leurs parents, et le mot *héritier* de l'art. 1086, doit être remplacé par le mot *postérité* de l'art. 1089.

§ 3. *Des partages d'ascendants.*

46. Une question analogue peut encore se présenter à l'occasion des partages d'ascendants : dans ces partages, les petits-enfants représentent-ils leur père comme ils le représenteraient dans la succession du partageant, et doivent-ils se contenter de la part assignée à leur auteur dans un acte de cette nature ?

Voyons d'abord ce que décidait l'ancien droit à cet égard : Le testateur, à Rome, pouvait distribuer sa succession à ses héritiers à titre de legs *per præceptionem*. Les fidéicommis, quand l'usage en fut établi, purent avoir le même effet. Plus tard, le juge de l'action *familiæ erciscundæ* dut, en pratique, respecter les attributions faites de son vivant par le père de famille entre ses enfants, qui constituaient une sorte de donation à cause de mort (1). Un rescrit d'Antonin et une constitution de Constantin (2), ayant validé les donations et testaments faits sans formes aux enfants, et deux lois de Constantin et de Théodose (3) ayant permis le partage fait de la même manière, Justinien confondit ces deux institutions et créa des formes analogues, mais fort simples, soit pour le partage entre vifs, soit pour le testament *inter liberos* qui put aussi contenir un lotissement. Ainsi le partage d'ascendants put avoir lieu entre vifs ou par testament. Les pays de droit écrit adoptèrent cette jurisprudence.

Quant aux pays de coutumes, on ne rencontre le partage d'ascendants que dans un petit nombre. On peut citer dans ce sens les coutumes de Bourbonnais (4), de Bourgogne (5), de Nivernais (6), de Bretagne (7), d'Amiens (8), et il paraît qu'à la question posée en tête de ce paragraphe, les auteurs qui avaient commenté ces diverses cou-

(1) L. 20, § 3, D. *fam. ercisc.*

(2) C. Théod. L. 1, *fam. ercisc.* C. Just. L. *ult. eod. tit.* Nov. XVIII, ch. 7, et CVII.

(3) L. 2. C. Theod., *fam. ercisc.* L. 21, § 1, C. Just. *de testam.*

(4) Art. 216.

(5) Tit. VIII, art. 6 et 7.

(6) Ch. XXXIV, art. 17.

(7) Art. 560.

(8) Art. 19.

tumes répondaient affirmativement : « Non-seule-« ment les enfants, mais encore les descendants « d'eux, dit Auroux des Pommiers (1), en cas de « leur prédécès, peuvent, après le décès du dispo-« sant, se dire saisis des choses à eux avenues par « ledit partage. »

Nous ne croyons pas qu'on puisse appliquer cet avis au partage, tel qu'il est organisé par le Code Napoléon.

Le partage d'ascendant, d'après l'art. 1076, peut se faire, soit par donation entre vifs, soit par testament ; et il est soumis aux règles de celui des deux actes dont il emprunte la forme. Voyons donc, si, dans un cas ou dans l'autre, les fils de celui qui a reçu, par testament ou entre vifs, une part de la succession de son ascendant et qui viennent ensuite par représentation à la succession de celui-ci, sont réputés avoir reçu la part assignée à celui qu'ils représentent.

47. Et d'abord, en cas de partage testamentaire, faut-il décider que le lot destiné au père prédécédé appartiendra à ses enfants? ce serait contraire à l'art. 1039 : toute disposition testamentaire est caduque, si celui en faveur de qui elle est faite n'a pas survécu au testateur ; et cet article est applicable à notre espèce, car l'art. 1076 renvoie, non-seulement aux formes, mais aux conditions et règles

(1) Sur la coutume du Bourbonnais, art. 216, n° 30.

prescrites pour les testaments. Mais, dira-t-on, le partage n'est que déclaratif; la vocation qu'il contient n'est donc que la vocation successorale, qui admet la représentation. Ce serait faire une pétition de principe, répondrons-nous; car le partage n'est déclaratif que quand il est valable, et c'est ce que nous contestons. D'ailleurs, l'art. 1030 parle de toute disposition testamentaire et non-seulement de legs, et il est certain que le lotissement constitue bien un avantage testamentaire en faveur de tel ou tel des enfants ou de tous. Dès lors, si la caducité de l'art. 1039 a lieu, les descendants du prédécédé n'auront pas participé au partage, et celui-ci sera nul en vertu de l'art. 1078.

En vain dira-t-on que ce partage, fait par avance, de la succession, est fait entre les souches plutôt qu'entre les personnes, aussi bien que le partage qui se fait après la mort du *de cujus*, et que l'intention de ce dernier a été que ses petits-enfants remplaçassent leur père dans la part qu'il lui donne comme dans sa propre affection; cette intention nous semble très-problématique. L'ascendant a bien pu donner tel lot à l'un de ses enfants, à cause de qualités toutes personnelles à celui-ci : une usine à un ingénieur; à un agriculteur une ferme; une somme d'argent à un banquier; il a pu donner un immeuble à l'un de ses fils pour en éviter le morcellement; et ses intentions ne seront certes pas remplies, si les enfants de ce fils viennent prendre et se partager le lot de leur père. Du reste, l'égalité entre les diverses branches ne vient pas ici nous forcer, comme au cas de substitution ou d'institution contractuelle, à admettre la représentation ; au contraire, elle sera bien plus assurée, si l'on annulle le partage, acte toujours un peu suspect de partialité pour revenir à la division d'après le mode légal (1).

48. Si le partage a eu lieu par acte entre vifs, les enfants du fils prédécédé ont pu recueillir sa portion en acceptant sa succession. Dès lors, ils ont véritablement profité du partage, et ne peuvent en demander la nullité en vertu de l'art. 1078 ; mais si, au contraire, l'un d'eux a renoncé à cette succession, ce qui ne l'empêche pas de représenter son père à la succession de son aïeul, il nous semble difficile de dire que celui-là ait été apportionné au précédent partage ; il faudra donc appliquer l'art. 1078, et, le partage étant nul, les cohéritiers devront rapporter leurs parts, soit comme les ayant

(1) Cette opinion, nous l'avouons, ne compte pas beaucoup de partisans : on peut citer contre elle MM. Duranton (IX, 641) ; Grenier (n° 398) ; Toullier (V, 814) ; Favard (v°. part. d'asc., n° 5) ; Zachariæ (V, p. 479) ; Rolland de Villargues (v°. part. d'asc., n° 28) ; Arm. Dalloz (VI, p. 195) ; Vazeille (art. 1078) ; Riom, 26 novembre 1828 et Limoges, 29 février 1832. Nous n'avons en notre faveur que deux arrêts : Bordeaux, 2 mars 1832, et Agen, 23 décembre 1817 (Sirey, 1818, 2, p. 1).

reçues sans cause, soit comme donations en avancement d'hoirie.

Mais, répond-on, à quoi sert ce rapport? Le petit-fils devra aussi le rapport de ce qu'aura reçu son père, même s'il a renoncé à sa succession (Art. 848). Il ne fera donc que reprendre d'une main ce qu'il aura restitué de l'autre, et, la masse étant reconstituée par les rapports comme elle l'était avant le premier partage, le second n'en sera que la répétition inutile (1) : nous ne le croyons pas. D'abord, dans le nouveau partage, on pourra se préserver des lésions qui peut-être existaient dans l'ancien, sans pourtant le vicier, à cause de leur peu d'importance; ensuite la masse pourra bien ne pas être reconstituée de la même manière. On ne doit en effet le rapport que de la valeur qu'a le bien rapporté lors de l'ouverture de la succession. Or, supposons un partage entre vifs de quatre immeubles, valant cent mille francs chacun, entre quatre fils du *de cujus;* l'un d'eux meurt; son fils renonce à sa succession; l'immeuble revient à l'aïeul en vertu de l'art. 747, ou passe, en cas de renonciation, à des collatéraux, peu importe. Cet immeuble a, par cas fortuit, diminué de valeur : il ne vaut plus, par exemple, que soixante mille francs lors de l'ouverture de la succession de

(1) Marcadé (IV, art. 1078, 2°).

l'aïeul ; les autres ont conservé leur valeur. Si le partage est nul, et nous croyons qu'on ne peut se dispenser de le reconnaître, le petit-fils, représentant son père, rapportera (en moins prenant) soixante mille francs, les fils survivants chacun cent mille : la masse sera donc de trois cent soixante mille francs, et le petit-fils recueillera quatre-vingt-dix mille francs; la nullité du partage lui aura donc valu un bénéfice de trente mille francs (1).

Ajoutons que cette conséquence nous paraît bien plutôt équitable qu'injuste, car elle tend à rétablir l'ordre naturel des faits, c'est-à-dire le partage après la mort du *de cujus*. La caducité du partage, dans ce cas, nous paraît d'ailleurs commandée par l'art. 1078, qui doit être entendu de manière à restreindre plutôt qu'à étendre la possibilité des partages d'ascendants par donation entre vifs, actes contraires au principe qui proscrit les pactes sur les successions futures.

(1) M. Genty (*part. d'asc.*, p. 209 et 288) se décide dans les deux cas de partage d'ascendant, entre vifs et testamentaire, pour l'opinion opposée à la nôtre, mais il se fonde sur ce que le représentant n'exerce que les droits du représenté : nous croyons avoir réfuté suffisamment cette erreur fondamentale.

TABLE.

POSITIONS.

DROIT ROMAIN.

I. Dans les actions réelles, le juge peut faire exécuter son *jussus manu militari* (p. 15 et 94).

II. La divergence entre Ulpien, L. 11, § 1, et L. 12, D. *de her. pet.* et Gaïus (IV, 144) s'explique sans qu'il soit besoin de parler de l'usucapion *pro herede* (p. 38 et s.).

III. Originairement, le possesseur de bonne foi gagnait définitivement les fruits séparés du sol avant la *litis contestatio* (p. 59).

IV. Malgré la L. 19, § 3, D. *de her. pet.*, la possession d'une servitude prédiale héréditaire rend passible de la pétition d'hérédité (p. 65).

V. Le possesseur de mauvaise foi est libéré par la perte fortuite quand la chose eût également péri chez le demandeur, à moins que celui-ci ne prouve qu'il eût pu la vendre la chose (p. 72).

VI. Les fruits dont le possesseur est responsable après la *litis contestatio*, sont ceux qu'aurait perçus un bon père de famille, et en outre, si le défendeur est de mauvaise foi, ceux que la position spéciale du demandeur lui aurait permis de percevoir (p. 76).

VII. Le possesseur, même de mauvaise foi peut se faire tenir compte des impenses utiles jusqu'à concurrence de la plus-value, du moins en thèse générale (p. 91).

VIII. La L. 18, D. *de duobus reis*, et la L. 32, § 4, D. *de usuris*, se concilient par une distinction entre la demeure du débiteur et ses autres faits.

IX. On peut, dans les actions réelles, limiter la *deductio in judicium* et l'examen du juge à un seul moyen, et réserver les autres au moyen d'une *præscriptio*.

DROIT FRANÇAIS.

HISTOIRE.

I. L'institution contractuelle a son origine dans l'*affatomia* de la loi salique (p. 101).

II. Dans les coutumes qui admettaient la représentation dans les successions en ligne collatérale, sans en parler pour le retrait lignager, elle devait y être admise aussi, et dans les mêmes termes (p. 143).

DROIT CIVIL.

I. Celui qui avait en lui-même une cause d'indignité, peut être représenté s'il meurt avant le *de cujus* (p. 160).

II. La représentation a lieu de degré en degré et non *per saltum* (p. 168 et 183).

III. L'enfant naturel, en présence de descendants de frères et de sœurs, venant, soit par représentation, soit de leur chef, n'a droit qu'à moitié (p. 171).

IV. Les biens dont parle l'art. 351 1° sont dévolus conformément aux règles de la représentation (p. 172).

V. L'enfant naturel ne peut représenter son père, pas même dans le cas de l'art. 766, 2° (p. 174 et 179).

VI. Le droit de retour de l'art. 766 1° a lieu en faveur des enfants du père, même si la mère existe, et réciproquement (p. 176).

VII. La dévolution qu'il opère, a lieu suivant les règles de la représentation (p. 177).

VIII. La succession de l'art. 766 2° n'admet pas de fente entre les deux lignes (p. 179).

IX. Le représentant doit le rapport de ce qui lui a été donné à lui-même (p. 181).

X. La représentation n'a pas lieu dans le partage d'ascendant, soit testamentaire, soit entre vifs (p. 198 et 200).

XI. Les donations cumulatives de biens présents et à venir, faites, par contrat de mariage, aux époux et aux enfants à naître du mariage, ont effet en faveur de ces derniers, même s'ils optent pour les biens présents, quoiqu'ils renoncent à la succession de leurs parents (p. 194).

XII. Les aliénations faites par l'héritier apparent ne sont pas valables.

DROIT COMMERCIAL.

I. La souscription d'actions dans une société en commandite ou anonyme n'est pas un acte de commerce.

DROIT CRIMINEL.

I. La cour d'assises, jugeant sans l'assistance du jury, peut déclarer des circonstances atténuantes.

II. Il n'y a pas infanticide dans le meurtre d'un enfant non viable.

DROIT ADMINISTRATIF.

I. Les dommages permanents résultant de travaux d'utilité publique, constituent une expropriation dans le sens de la loi du 3 mai 1841.

DROIT DES GENS.

I. La prescription libératoire n'a pas lieu dans les rapports internationaux.

II. On ne peut assigner un agent diplomatique étranger accrédité près du gouvernement français, qu'au parquet du procureur impérial.

Vu par le Président de la Thèse,
E. Bonnier.

Vu par le Doyen de la Faculté,
C. A. Pellat.

Permis d'imprimer :
Le Vice-Recteur de l'Académie,
Cayx.

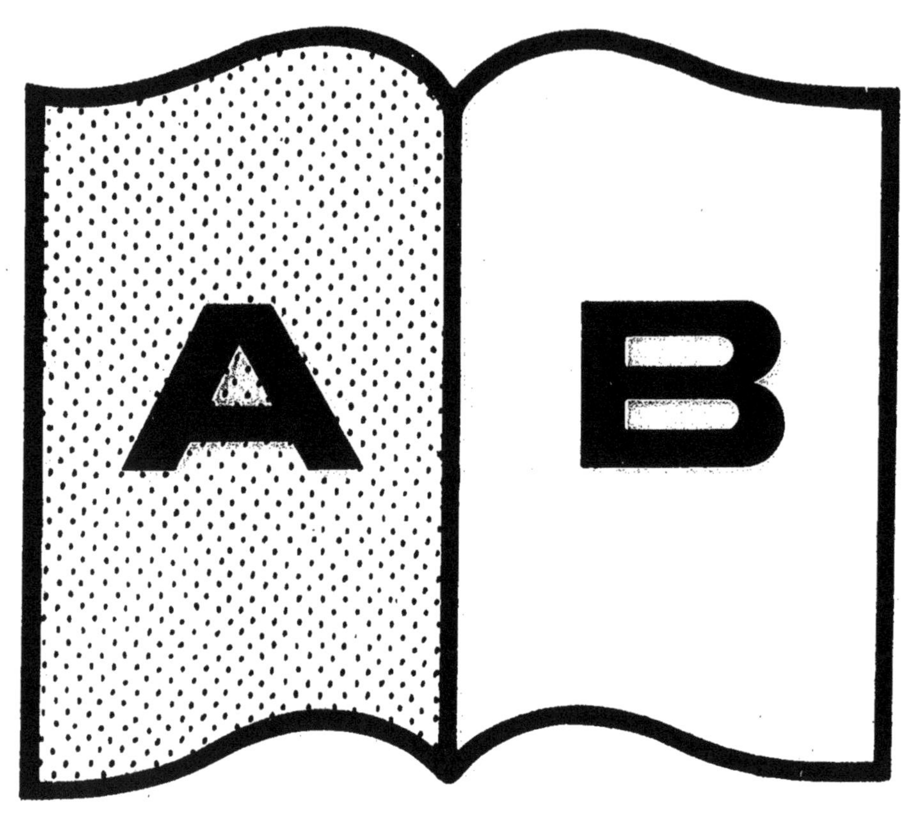

Contraste insuffisant

NF Z 43-120-14

www.ingramcontent.com/pod-product-compliance
Ingram Content Group UK Ltd.
Pitfield, Milton Keynes, MK11 3LW, UK
UKHW020323230726
13925UKWH00002B/591

9 782013 593380